MW01688630

Wienerlieder

Von Raimund bis Georg Kreisler

Herausgegeben
von Jürgen Hein

Philipp Reclam jun. Stuttgart

Umschlagabbildung:
Moriz Jung (1885–1915): *Natursänger!*
Motiv für die Wiener Werkstätte

Universal-Bibliothek Nr. 18211
Alle Rechte vorbehalten
© 2002 Philipp Reclam jun. GmbH & Co., Stuttgart
Gesamtherstellung: Reclam, Ditzingen. Printed in Germany 2002
RECLAM und UNIVERSAL-BIBLIOTHEK sind eingetragene Marken
der Philipp Reclam jun. GmbH & Co., Stuttgart
ISBN 3-15-018211-5

www.reclam.de

Inhalt

Anhang

Ei, du lieber Augustin

1679

Ei, du lieber Augustin,
's Geld is hin, 's Mensch is hin,
Ei, du lieber Augustin,
Alles ist hin!

Wollt noch vom Geld nix sag'n,
Hätt i nur 's Mensch beim Krag'n,
Ei, du lieber Augustin,
Alles ist hin!

Wär schon des Lebens quitt,
Hätt ich nit noch Kredit,
Aber so folgt Schritt für Schritt
Mir der Kredit!

Na, und selbst 's reiche Wien,
Arm ist's wie Augustin,
Seufzt mit ihm im gleichen Sinn:
Alles ist hin!

Jeden Tag war sonst ein Fest,
Jetzt aber hab'n wir die Pest!
Nur ein großes Leichennest,
Das ist der Rest!

Ei, du lieber Augustin,
Leg nur ins Grab dich hin,
Ei, du mein herzliebes Wien,
Alles ist hin!

Anonym

Wer niemals einen Rausch hat g'habt

um 1790

Wer niemals einen Rausch hat g'habt,
Der ist ein schlechter Mann;
Wer seinen Durst mit Seideln labt,
Fang lieber gar nicht an.
Es dreht sich alles um und um
In unserm Kapitolium,
In unserm Kapitolium.

Doch gar viel trinken ist nicht gut,
Ein Spitzerl ist just recht,
Da steht a la tété der Hut,
Ist's Weinerl nur auch echt.
Trinkt unser einer zu viel doch,
So find' er kaum das Schlüsselloch,
So find' er kaum das Schlüsselloch.

Ich sage allweil modice
Und steh doch allweil grad;
Doch liegt man auf dem Potice,
So ist es schon zu spat.
Das ist ein Weinerl wie ein Rack,
Nur grad, nur grad und nicht zick zack,
Nur grad, nur grad und nicht zick zack.

Drum schenkt einmal die Gläser voll,
Das ist das allerbest;
Der erste Tropfen schmeckt mir oft
Viel besser als der letzt.
Trink aus, es ist dir wohl vergund
Und gieß es langsam in den Schlund,
Und gieß es langsam in den Schlund.

Joachim Perinet (1765–1816) /
Wenzel Müller (um 1767–1835)

Hobellied

1834

Da streiten sich die Leut herum
Oft um den Wert des Glücks,
Der eine heißt den andern dumm,
Am End weiß keiner nix.
Da ist der allerärmste Mann
Dem andern viel zu reich.
Das Schicksal setzt den Hobel an
Und hobelt s' beide gleich.

Die Jugend will halt stets mit G'walt
In allen glücklich sein,
Doch wird man nur ein bissel alt,
Da find' man sich schon drein.
Oft zankt mein Weib mit mir, o Graus!
Das bringt mich nicht in Wut.
Da klopf ich meinen Hobel aus
Und denk, du brummst mir gut.

Zeigt sich der Tod einst mit Verlaub
Und zupft mich: Brüderl, kumm!
Da stell ich mich in Anfang taub
Und schau mich gar nicht um.
Doch sagt er: Lieber Valentin!
Mach keine Umständ! Geh!
Da leg ich meinen Hobel hin
Und sag der Welt Adje.

Ferdinand Raimund (1790–1836) /
Konradin Kreutzer (1780–1849)

Mir is's alles an's

1850

Wer a Geld hat, der kann ins Theater fahrn
Und wer kan's hat, macht si' z'Haus an Narrn;
Mir is's alles an's, mir is's alles an's
Ob i a Geld hab oder kan's.

Wer a Geld hat, zieht auf d'Jagd hinaus
Und wer kan's hat, der fangt Fliegen z'Haus.
Mir is's alles an's …

Wer a Geld hat, ißt an Schnepfendreck
Und wer kan's hat, laßt die Schnepfen weg.
Mir is's alles an's …

Wer a Geld hat, kann sich a Villa schaffen
Und wer kan's hat, in aner Gasröhr'n schlafen;
Mir is's alles an's …

Wer a Geld hat, der kann zum Sacher fahrn
Und wer kan's hat, der kocht si' z'Haus an Schmar'n;
Mir is's alles an's …

Wer a Geld hat, der rast ins Bad in Summa
Und wer kan's hat, schwimmt im Waschtrog uma;
Mir is's alles an's …

Wer a Geld hat, der geht zum Fasselrutschen
Und wer kan's hat, kann si' am Stief'lknecht
hutschen.
Mir is's alles an's …

Anonym

Die Welt ist ein Komödienhaus

Die Welt ist ein Komödienhaus,
Wir Menschen sind Akteurs,
Das Schicksal teilt die Rollen aus,
Der Zeitgeist ist Souffleur.
Die Erde ist das Podium,
Und alles, was auf ihr
Gedeiht und wächst, ihr Eigentum,
Verwesung ihr Kassier;
Der Zufall dient als Maschinist,
Und der Geburt, nebst ihm,
Verdanken Heide, Jud und Christ
Ihr passendes Costume.

Die Vorsicht sieht bei jedem Stück
Ins Buch – ist Regisseur,
Auf seinen Ruf erscheint das Glück,
Dann als Requisiteur,
Und reicht uns zu Juchhe und Ach,
Zur Not – zum Überfluß –
Was jeder Mensch in seinem Fach
Zur Rolle haben muß,
Dem Fürsten seinen Thron und hier
Dem Bettler seinen Stab;
So wie es eine Stimme mir
Zu meiner Rolle gab.

Und wenn das erste Zeichen ruft:
»Ihr Menschen tretet auf!«
Dann heißt es: »Biedermann und Schuft,
Beginnt den Lebenslauf!«
Dann treten wir hinaus ans Licht
Und sprechen oft recht viel;
Und schweigen, wenn ein Andrer spricht,
Bloß ihn zu hören, still. –

Und wenn der Tod als Inspizient
Uns winkt – nun tretet ab –
Und unser Ich mit Namen nennt,
Versinken wir ins Grab.

Die Welt ist ein Komödienhaus,
Und Er – der sie gebaut,
Aus seiner Wolken Loge heraus
Auf uns hernieder schaut.
Er ist's, der nur zu einem Ziel
Uns alle engagiert,
Und wenn gelungen unser Spiel
Uns lobt und applaudiert.
Er ist's, der Alle gleich uns liebt,
Uns reichlichen Gehalt,
Und diesseits jeden Vorschuß gibt –
Die Gage uns Jenseits zahlt.

Johann Baptist Moser (1799–1863) /
Carl Hampe

Wann i amal stirb!

Wann i amal stirb, stirb, stirb,
Müß'n mi d'Fiaker trag'n
Und dabei Zithern schlag'n,
Weil i das liab, liab, liab,
Spielt's an Tanz laut und hell,
Allweil fidel!

O liabe Leut, Leut, Leut,
Tuat's ös den Strottern sag'n,
Daß auf die Butten schlag'n,
Und singt's mit Freud, Freud, Freud,

An meiner Grabesstell:
Allweil fidel!

D'Madeln von Wien, Wien, Wien,
Wer'n in der Trauer gehn
Und um die Bahr dastehn.
Er is dahin -hin -hin,
Der Geist war, meiner Seel,
Allweil fidel!

Karl Rieder (1819–1886) / Musik nach
Josef Strauß (1837–1870)

Ein himmlisches Behagen

1870

Reserl, hat die Mutter g'sagt,
Die Männer, das sind Teufel,
Jedoch das Reserl unverzagt,
Die setzt darein viel Zweifel.
Mutter, na, das kann net sein,
So sagt's, wann i mit 'n Schani
Öfters so im Kämmerlein
Am Abend bin allani,
Nimmt er mi und küßt mi ab,
Wann's auch »Teufel« sagen,
Doch mich ergreift, ich weiß nicht wie,
Ein himmlisches Behagen.

's geht a Fräul'n allein spaziern,
A Jüngling recht bescheiden
Möcht die Anfrag gern riskiern,
»Darf ich Sie begleiten?«
's is halt eine schwere Sach,
Denn er fürcht' an Brumma,

Endlich hat er sich halt doch
Einen Rand ang'numma:
»Schönes Fräulein ... d..darf ...i...ich ..Sie
Zu..zu..begleiten wagen,
Denn mich ergreift, ich weiß nicht wie,
Ein himmlisches Behagen.«

Kathinka und Korporal,
Die gehns am Sonntag imme
In Prater hin auf jeden Fall,
A Gaude fehlt dort nimme.
Hetz is's, wenn das Haserl wird
Am Schädel g'haut vom Kaspel –
Und am meisten amüsiert
Sie sich auf der Haspel.
Fliegt sie um su in der Luft,
Tut's vor Freuden sagen:
»Jekusch! Mich ergreift, ich weiß nicht wie,
Ein himmlisches Behagen!«

Anonym; gesungen von der Volkssängerin
Anna Ulke (1849–1878)

Ich bin halt noch so unerfahr'n!

Ich war im Dienst bei einer Frau,
Die war in allem sehr genau
Und hat mir strengstens anbefohl'n,
Dem Herrn nit z'folg'n, sollt er was woll'n.
Ja mein, hab i mir denkt im Still'n,
Was hat denn nur die Frau für Grill'n?
Ihr Herr is ja a »meiner« g'wiß,
Drum g'hört sich's, daß man folgsam is!
Drauf hab ich mich beim Herrn beschwert,
Der hat den Grund mir dann erklärt,

Worüber ich nit war im klar'n –
Ich bin halt noch so unerfahr'n.

Ein Herr sagt neulich: Liebes Kind,
Was das für schöne Augen sind,
Sie können machen gleich ihr Glück
Mit diese Aug'n im Augenblick!
Ach gengan s' – sag i drauf verdutzt,
Mir hab'n die Aug'n no gar nix g'nutzt,
Wie soll ich's nachher denn anstell'n,
Daß meine Aug'n mich empfehl'n?
Da hat er g'lacht und druckt mir d' Hand,
I bin vergangen fast vor Schand,
Weil meine Augen Hexen war'n –
I bin halt noch so unerfahr'n!

I hab a Bild am Grab'n g'sehn,
Da is recht hart ums Herz mir g'schehn,
A Buberl ohne Stückerl G'wand,
Ein Pfitschipfeil bloß in der Hand,
Is lustig g'sprungen durch'n Wald
Im Winter, wo's so grimmig kalt.
A Frau, die auch das Bild betracht't,
Hat über mein Erbarmen g'lacht.
Das is ja, hat's zu mir drauf g'sagt,
Der Amor, der nach Herzen jagt,
Und Jung und Alt halt't für ein Narr'n –
Ich bin halt noch so unerfahr'n.

Wie i am Maskenball bin g'west,
Sagt einer: Ob's d' zu mir hergehst?
Was i nur will, soll i begehr'n,
Champagner und Fasan verzehr'n.
Er laßt mei Hand gar nimmer aus
Und sagt, er führt mi später z'Haus.

Der Antrag macht mi ganz verleg'n,
I hab vor Angst kan Bissen mög'n!
Hab nur a Tasserl G'frorn's verzehrt,
A Stellwag'nsechserl bloß begehrt,
Da laßt er stehn mich wie an Narr'n –
Ich bin halt noch so unerfahr'n.

Clemens Franz Stix (1821–1872);
gesungen von der »Fiakermilli«
(d. i. Emilie Turacek, 1847–1889)

Menschen, Menschen san ma alle!

1880

Es is amal schon Brauch auf dieser Welt,
Daß d' Menschen grundverschieden sein,
Der eine schwimmt in Reichtum, Gut und Geld,
Beim andern stellt sich's Elend ein.
Der eine schwärmt für schöne Frauen nur,
Der Anblick ist für ihn Genuß,
Der andre hat für so was kein Gefühl,
Der spricht vom Weib nur mit Verdruß.
Der eine schwärmt für himmlische Natur,
Von Herrlichkeit ist er beseelt,
Der andre denkt sich wieder in sein Zorn,
Wär lieber ich net auf der Welt.
Der eine ist ein kreuzfideles Haus,
Ist immer lustig, voll Hamur,
Mit ein' Wort, jedes Herz schaut anders aus,
Das liegt schon so in der Natur.
Menschen, Menschen san ma alle,
Fehler hat a jeder g'nua,
Alle können doch nicht gleich sein,
Das liegt schon so in der Natur.

Der eine schwärmt für ’n tiefsten Frieden nur,
Der andre sucht mit jedem Streit.
Der eine hat vom Glauben keine Spur,
Der andre schwärmt für Seligkeit.
Der eine ist ein guter Patriot,
Der andre will ka Majestät,
A jeder hat beinah ein andern Gott,
Weil’s auf der Welt net anders geht.
Der eine ist ein großer Menschenfreund,
Der nur von Nächstenliebe spricht,
Was G’wissen ist, ein andrer gar net kennt,
Wann ’s Menschenherz a drüber bricht.
Der eine spart und wuchert Tag und Nacht,
Der andre wird von selber reich,
So gibt’s verschiedne G’schöpfe auf der Welt,
Nur in ein’ Punkt, da sein ma gleich:
Menschen, Menschen san ma alle …

Der eine schwärmt für Kunst und Wissenschaft,
Der andre wieder fürs Ballett.
Den einen int’ressiert Athletenkraft,
Der andre gern in d’ Oper geht.
Der eine trinkt so gern Champagnerwein,
Der andre ißt ein Stückerl Brot.
Der eine schwärmt nur für ein Schinkenbein,
Der andre speist an Schnepfenkot.
Die eine möcht nur Gold und Edelstein’,
Setzt ihre Ehr dafür aufs Spiel,
Die andre, die bleibt wieder tugendrein,
Der Unterschied liegt doch im G’fühl.
Der eine kämpft mit Kummer, Not und Geld,
Bis er endlich kraftlos z’samma bricht,
Der andere, der in Reichtum kommt zur Welt,
Stirbt wieder drin im Landesg’richt.
Menschen, Menschen san ma alle …

Carl Lorens (1851–1909)

Das Drahn das ist mei Leb'n!

I bin a alter Drahrer
Das sieht mir jeder an,
Der was vor viere, fünfe
Früh Morgens net schlaf'n kann.
Wann andre Leut schon aufstehn,
Leg ich mich erst ins Bett,
A zeitlich Schlafen gibt's halt
Bei mir doch ewig net.
I geh erst eini bei mein' Tor,
Wann's klan schlagt in der Fruah.
Denn das Drahn, das ist mei Leb'n,
Es kann nix schöners geb'n,
Wir drahn die ganze Nacht,
Bis 's Herz im Leib am lacht.
Is wo a Drahrerei,
No, da bin i gleich dabei,
Drum kennt mich all's in Wien,
Weil i a Drahrer bin.

Gebor'n bin i am Thury,
Am Lichtenthalergrund,
Hab an Hamur hoch Eisen
Und bin am Brüsterl g'sund.
Sing lustig meine Lieder,
I dud'l meine Tanz,
Das höchste is a Weinl,
A Gaude und a Gstanz,
Und wann a d' Uhr schon klan tuat schlag'n,
Tua i no net verzag'n.
Denn das Drahn, das ist mei Leb'n ...

Hör i an feschen Walzer
Von Lanner oder Strauß,
Da drah ich mich auf sechse,
Das halt ich gar net aus.

Daß i da ruhig sein könnt,
Na, na, da is ka Spur,
Nur schibberisch, lustig umdrahn
Bis aus is in der Fruah,
Und löschen's a die Lichter aus,
Mir gengan doch net z'Haus.
Denn das Drahn, das ist mei Leb'n ...

Und ruft amal der Petrus,
Da liegt mir gar nix dran,
Die Hauptsach bleibt, daß ich oben
Im Himmel aufdrahn kann,
Denn oben gibt's g'wiß a Gaude,
Wann ich in Himmel kumm,
I drah eahna wann's sein muaß
Die Fixstern alle um.
Denn ich, ich hab an froh'n Hamur,
Bin lustig spat und fruah.
Denn das Drahn, das ist mei Leb'n ...

Carl Lorens (1851–1909) /
Johann Strauß (1825–1899)

Weil i a alter Drahrer bin

um 1880

Wann i auf d' Nacht ins Wirtshaus komm,
So rennt der Wirt den Kellner um,
Die Gäst' schrein: »Servus, alter Spatz«,
Macht mir a Jeder gleich an Platz,
Denn mich kennt Alt und Jung in Wien,
Weil i a alter Drahrer bin,
A so a Aufdrahrer bin.

Die Maderln hab i heut noch gern
Und siech i ane nur von fern,
Gibt's mir an Riß, laßt mir ka Ruah,
Bis i nur g'funden hab ihr Spur.
A Busserl tragt's dann als Gewinn,
Weil i a alter Drahrer bin,
A so a Aufdrahrer bin.

Und wann i stirb und vielleicht grad
Der Petrus 's Türl zug'sperrt hat,
Mach an der Glocken i ein Riß,
Schrei: »Kruzi Laudon, Paradies,
Werd's glei hab'n an Bahöll da drinn',
Weil i a alter Drahrer bin,
A so a Aufdrahrer bin.«

Ludwig Polhammer / Johann Sioly (1843–1911);
gesungen von Edmund Guschelbauer (1839–1912)

Wenn a Mäderl, jung und zart

Wenn a Mäderl, jung und zart,
Schüchtern auf den Liebsten wart,
Preßt die Handerln sie aufs Herz,
Schlägt die Augen niederwärts,
Glaubt, es sieht ihr's jedermann
An die roten Wangerln an,
Daß sie fragt bei nahem Tritt:
»Kommt er – kommt er – oder kommt er nit?«

D' Meistrin schickt den Lehrbub'n aus:
»Hol nur gleich den Herrn nach Haus.«
»Maste sitzt bei grüne Bam,
Hate sagt, er geht nit ham.«

»Gehst halt no'mal hin, du Aff,
Sag ihm's deutli, daß ich's schaff!
No was stehst noch? 's is doch g'redt.
Kummt er – kummt er – oder kummt er net?«

Eine Jungfer, hübsch bejahrt,
Hat stets auf den Rechten g'wart,
Recht war ihr halt keiner nit,
Doch von links und von der Mitt'
Will auch keiner jetzt mehr dran,
Und die Frag nach einem Mann
Flehend sie zum Himmel richt':
»Kommt er – kommt er – oder kommt er nicht?«

Eine Frau sitzt beim Galan,
Plötzlich hört sie ihren Mann.
»Arthur, schone meine Ehr, –«
(Als ob da was z' schonen wär)
»Gott, ich zittre vor Schreck!
Schnell, im Kasten dich versteck'!
Halt dich still! – Der Boden bricht.
»Kommt er – kommt er – oder kommt er nicht?«

Eine Dame stets in Kur,
Nervenleidend, findet nur
A Erleichterung, wenn s' dem Mann
An den Kopf was werfen kann.
Drum der Arme, er verduft',
Hört er, daß die Gattin ruft.
Und in Krämpfen jammert s' da:
»Vient-il – vient-il – ou – ne vient-il pas?«

Von der Jahre Last gebeugt,
Trippelnd a alts Mütterl steigt,
Plötzlich bleibt es wartend stehn,
Tut die Straßen h'nuntersehn,

Ja, die Frage ist schon Brauch,
Wenn man sie vereinsamt auch
Nur mehr an ein Hunderl richt':
»Kommt er – kommt er – oder kommt er nicht?«

Ludwig Anzengruber (1839–1889) /
Franz Roth (1837–1907)

Du guater Himmelvoder

Mein Herzerl da drin,
Das pumpert für Wien,
Denn i bin a Ur-ur-ur-Weaner,
Geh Jahr ein Jahr aus
Net vor d' Lina hinaus,
Mi sehen's gar niemals im Greaner,
Daß i fort möcht von Wien
Kommt mir niemals in Sinn!
Du guater Himmelvoder,
I brauch ka Paradies,
I bleib viel lieber doder,
Weil mei Wean für mich 's Himmelreich is!

Paradies wird genannt
A Kaluppen am Land,
Wo wir selig den Sommer verbringen.
In solche Heanersteig'n
Is der Himmel voll Geig'n
Und ma hört alle Engerl singen!
Schließlich is ma beim Zahl'n
Aus den Wolken gefall'n!
Du guater Himmelvoder …

O Gott! Weint ein Mann,
Was fang ich jetzt an!

Hab verloren mein herziges Weiberl!
Jetzt is' im Paradies,
O, ich weiß das gewiß.
Denn sie war ein seel'ngutes Täuberl;
Nur hat 's oft mich sekiert,
Bis aufs Blut malträtiert!
    Du guater Himmelvoder,
    Ich brauch kein Paradies,
    I bleib jetzt lieber doder,
    Weil mei Alte im Himmelreich is!

Der Herr Adam und Frau,
Die verführt ihn so schlau,
Mußten schleunigst den Himmel verlassen;
Drauf zogen's in a paar Tag'n
Mit an trum Möbelwag'n
Direkt nach Wien in die Praterstraßen.
Dort warn's fromm und hab'n bet'
Alle Tag im Duett:
    Du guater Himmelvoder,
    Is auch pfutsch 's Paradies,
    Wir hab'n net weit in Prater,
    Der für d' Weaner das Himmelreich ist!

Alexander Krakauer (1866–1894)

Die wahre Liebe ist das nicht

Es sitzt bei Mondenscheine
Er und sie alleine
In stockfinstrer, rabenschwarzer Nacht.
Sie macht ihm Mut ein bißchen,
Er raubt ihr ein Küßchen,
Und drauf wird das Liebesg'ständnis g'macht.

Er tut sein Herz ausschütten,
Nimmt sie um die Mitten.
Während er von Lieb und Treue spricht
Und beider Herzen wogen,
Hat er ihr's Taschel zogen,
Jetzt, die wahre Liebe ist das nicht!

Nach der Hochzeitsfeier
Will der junge Freier
D' große Mitgift endlich einmal seg'n.
Da sagt der Alte kläglich:
»Freund, das is net möglich,
Denn i hab kan Kreuzer im Vermög'n!«
Der Jüngling kriegt an Schrocken,
Er hat g'laubt, die Nocken
Is sehr reich – jetzt dämmert ihm ein Licht:
Nun is er draufgekommen,
Daß er s' »aus Lieb'« hat g'nommen!
Jetzt, die wahre Liebe ist das nicht!

Die geliebte Frau Rosali,
Die geht schön pomali
G'mütlich übers Eisenbahngeleis;
Kaum daß die Alte drüber,
Braust ein Zug vorüber –
Nix is g'schehen – wunderbarerweis!
Das kommt ihr'n Mann zu Ohren,
Der kriegt an Riesenzoren,
Will die Eisenbahn zitier'n vors G'richt,
Weil diese Raubersknaben
Stets Verspätung haben –
Jetzt, die wahre Liebe ist das nicht!

Für Tiere, groß und kleine,
Gibt es Schutzvereine,

Menschlich in des Wortes wahrstem Sinn;
Die Liebe zu den Tieren
Tut jetzt stark grassieren
B'sonders auf der Strecke Wien–Berlin.
Sagt ein Distanzenreiter:
»Pferderl, schau, geh weiter,
Daß die Welt von mir als Sieger spricht;
Gott, wenn wir schon in Wien wärn,
Kannst weg'n meiner hin wer'n« –
Jetzt, die wahre Liebe ist das nicht!

Alexander Krakauer (1866–1894);
gesungen von Julius Wittels

I bin a echter Weana, so nach'n alten Schlag

»Grüß Gott« sag i mit Freuden
Und stell mich jedem vor,
I bin a alter Weana,
Bei mir is all's Hamor.
Kan Sorg und Kummer kenn i,
Ka Traurigkeit o na!
Nur lustig, fesch und munter,
Is allweil g'west mei Schan.
Is wo a Hetz, da bin i stets.
  I bin a echter Weana,
  So nach'n alten Schlag,
  Der nur a ferme Gaude
  Und a a Wein'l mag.

Was kümmert mich auf Erden,
Die liabe Wassernot,
Ich trink ja nur mei Wein'l,
Tunk ein mein Stück'l Brot,

Wird 's Rindfleisch wieder teurer,
Kauf i a Schunken mir.
Siech i a saubre Grete,
So hupf i glei mit ihr.
Sag lieber Schatz,
Gib mir an Schmatz.
          I bin a echter Weana ...

Ob s' aus ein' fein' Zigarr'l,
Ziag'n glei an ganzen Zopf,
Das is mir ganz Pomade,
I rauch mein' Ulmerkopf.
I laß mi a nöt druck'n,
In gar kein' Tramwaywag'n,
I hab zwa g'sunde Baner,
Dö können mi no' trag'n.
Schaun s' an nur mi,
Was? i bin i!
          I bin a echter Weana ...

I geh net nach der Mode,
Trag allweil nur an Huat,
Mit fingerbreite Krämpen,
Der steht mir keck und guat.
A Sack'l ganz von Sammet,
A Masch'n muaß i hab'n,
Und mit der harben Schäler
Laß i mi einst begrab'n.
Und auf mein' Stan
Muß stehn allan:
          Da liegt a echter Weana
          War no vom alten Schlag,
          Jetzt liegt er ruhig unten
          Und wart' am jüngsten Tag.

Engelbert Herzog / Johann Sioly (1843–1911); gesungen von Edmund Guschelbauer (1839–1912)

Das waß nur a Weana

Es hat a schöns Töchterl a reicher Hausherr,
Auf die schon lang spitzen die Männer so sehr.
Doch Alle, die kommen, ob jung oder alt,
Sie achtet auf keinen, sie bleibt immer kalt.
Doch letzthin im Fasching, da war's auf ein Ball,
Entzückt flog sie hin durch den glänzenden Saal,
Am Arm ihres Tänzers, ein Walzer von Strauß,
Da schmolz ihr das Eis und als Braut führt er s' z'Haus.
Das waß nur a Weana, a weanarisches Bluat,
Was a weanarischer Walzer ein' Weaner all's tuat.

A alt's Ehepaar, das in Ehren ergraut,
Hat d' goldene Hochzeit, da wird fest aufg'haut.
Die Kinder, die Enkeln im fröhlichen Kreis,
Die tanzen und springen nach heutiger Weis.
Da spielt das Orchester dem Ehrenbrautpaar
An Lannerischen Walzer! Ui je, da war's gar,
Da nimmt der Großvater d' Großmutter um d' Mitt',
Den g'mütlichen Lanner, den widerstehn s' nit.
Das waß nur a Weana, a weanarisches Bluat ...

Wann d' Weana Wäschermadln in Währing bei Wean
Ein' Wäscherball halten, so hörn s', der is ferm,
Da gibt's Weana Walzer vom Ziehrer und Strauß,
Nur Weanabluat, echtes, das find't man da drauß.
Die lautesten Bana, auf dö Wean stolz is,
Die feschesten Kinder, die find't man dort g'wiß.
Und wie's da nur zuageht, was a Walzer all's macht,
Und wie man da dudelt und wie ma da lacht.
Das waß nur a Weana, a weanarisches Bluat ...

Anonym / Johann Sioly (1843–1911);
gesungen von Franz Kriebaum (1838–1900)

Der Weaner geht net unter

1880

Allweil lustig, fesch und munter,
Denn der Weaner laßt nix spürn;
Geht die Welt glei morgen unter,
So was kann uns nit scheniern.
Für was sein wir denn nachher Wianer
Und mit'n Hamur so fesch beinand?
Lass'n mir andre lieber flenna,
Denn wir sein das gar nit g'wohnt.
Allweil lustig, fesch und munter,
Denn der Weaner geht net unter,

Über uns därf schon was kumma,
's braucht gar lang, bis 's uns scheniert,
Weg'n a bisserl Schädelbrumma
A no keins den Kopf verliert.
Unser Doktor heißt Hamur nur,
D' Medizin heißt Wein und Bier,
Und so lang als wir das hab'n gnua,
Sein wir mit der G'sundheit hier.
Allweil lustig, fesch und munter …

Wann uns manchmal grad was wurmt a,
Gibt's ein Bremsler und 's is gut,
Mit ein' Dudler wird's kuriert g'schwind,
So macht's ein echtes Wianer Blut.
Nur ka G'spreiztheit, nur ka Fadsein,
Nur kein Nipf, das kenn' ma nit,
So was fallt uns nit in' Schlaf ein.
Traurig sein, das gibt's halt nit.
Allweil lustig, fesch und munter …

Unser Kummer weg'n dö Schulden,
Der ist wirklich gar nit groß,
Und wann s' uns klag'n und pfänden,
Ist der Teufel noch nit los.
Woll'n s' uns d' Einrichtung a nehma,
So werd'n wir desweg'n nit murr'n,
Denn es hat ja selbst der Kaiser,
Wo nix is, das Recht verlor'n.
Allweil lustig, fesch und munter …

Kommet einst a schwere Kriegsnot
Und a G'fahr fürs Vaterland,
So rührt sich dann cito unsre
Stets zur Hilf bereite Hand.
Denn Charpis wird zupft, bis 's Hemat
Samt dem Stock auf Franzen geht,
Und ein Fahn tragt jeder Wianer
Und a Hieb scheniert uns nöt.
Allweil lustig, fesch und munter …

Ob wir siebzig oder dreißig
Und die Ungarn gar nix zahl'n,
Ob zweitausend von die Türken
Und von Russen gar ka fall'n,
Ob in Wian die Preußn schimpfen
Und sich d'Böhm ansiedeln tan,
Uns scheniert kein Steuerbogen,
Wenn nur d' Steuern einzahlt san.
Allweil lustig, fesch und munter …

Machen wir einmal die Dummheit
Mit ein' Sprung ins Joch der Eh',
So schrei'n wir nit wie die andern
Nach ein' Jahrl: Ach und Weh!
Denn ob d' Weiber wahre Engel
Oder d' höchsten Bißgur'n san,

Das scheniert uns zwei kein Bissel,
Weil wir keiner treu bleib'n tan.
Allweil lustig, fesch und munter …

Anonym

Das is 'n Weaner sein Schan!

A Maderl, recht pfiffig und fein,
A Winsel, a guat's Glasel Wein,
A Schäler, recht g'schmackig und fesch,
A Göscherl recht schliffig und resch,
A Virginier, wenn s'a oft net brennt,
A Zeugerl, wo 's Roß recht harb rennt,
Und fahrn über Stock, über Stan,
Das is in Weaner sei Schan!

A Meerschaumspitz is a a Pflanz,
Auf Sechsi an schiabrischen Tanz,
Stiefletten, die g'spitzt san voran,
Daß ma an gleich abstechen kann,
'n Ellbogen beim Tanzen ausg'streckt,
Wer da net glei ausweicht, wird g'legt,
Und Sechser, net z' groß und net z' klan –
Das is in Weaner sei Schan!

Beleidigt ein'm einer, wird keck,
Net klag'n a Weil, geb'n eahm an Fleck,
Aber früher gleich sag'n jedes Mal:
»A Watschen! und lieg'n im Spital«.
Und red't aner noch a Wort nach,
Ans, zwa hat er ane am Dach:
»Du Radibua, riach zu dem Ban!« –
Das is in Weaner sei Schan!

Kommt's Frühjahr, das liabe, daher,
Da leid't's ein'm daham nimmermehr;
Am Sonntag, wann d' Sonn freundlich lacht,
Wird cito a Landpartie g'macht;
Nach Hütteldorf, nach Weidlingau,
Der Himmel der lacht dort so blau,
Dort schnürn uns die Landwirt, ahan! –
Das is in Weaner sei Schan!

Carl Schmitter (1849–1897) /
Ludwig Gruber (1874–1964)
und Theodor Schild (1859–1929)

Das hat ka Göthe g'schrieb'n, das hat ka Schiller dicht'

Zur blonden Resi sagt der Drechsler Franz:
»Hörst, Schatzerl, i bin in di wurlet ganz,
Geh, leg dein Pratzerl in mein' Hand hinein,
Und in ein Monat wirst du g'heirat' sein,
Wann mir a nix wia a Kammerl hab'n,
So ruck'n ma halt a bisserl näher z'samm,
Wann nur die Herzen schlag'n in Einigkeit,
Das andre gibt si' mit der Zeit!«
Ja, ja, das hat ka Göthe g'schrieb'n,
Das hat kein Schiller dicht'.
's is von kein' Klassiker, von kein' Genie,
Das is a Wiener, der zu aner Wien'rin spricht,
Und 's klingt halt doch so voller Poesie!

Der Sohn will fort, da sagt der Vater ihm:
»Hörst Pepi, die Idee is wirklich schlimm,
Geht a bei uns sehr viel aus Rand und Band,
So bleibt's do' allweil unser Vaterland.

Bedenk, wann in der Fremd' du gehst zur Ruah,
Druckt dir kan anz'ger Freund die Augen zua,
Der Vogel ist sein Leb'n a schlimmer Gast,
Der was sein Nest so leicht verlaßt!«
Ja, ja, das hat ka Göthe g'schrieb'n,
Das hat kein Schiller dicht'.
's is von kein' Klassiker, von kein' Genie,
Das is a Österreicher, der vom Herzen spricht,
Und 's klingt halt doch so voller Poesie!

Es bet' a Kind, dem d' Muatter krank word'n is,
»Du lieber Himmelvater waßt es g'wiß,
Drum bitt di gar schön, als braves Kind,
Geh laß mein Muatterl wieder aufstehn g'schwind,
I gib dir nachher herzli'gern dafür
Mein Puppen und das ganze Kuchelg'schirr,
Was mir das Christkindl hat dösmal bracht,
Wannst mir die Muatter g'sund hast g'macht!«
Ja, ja, das hat ka Göthe g'schrieb'n,
Das hat kein Schiller dicht'.
's is von kein' Klassiker, von kein' Genie,
Das is a Kinderl, was mit seinem Herrgott spricht,
Und 's klingt halt doch so voller Poesie!

's red't auf der Gassen recht a armer Mann,
An Andern stad um a Almosen an,
Da lacht der drauf und sagt: »Mein lieber Herr,
Zwa Sechserln hab i und kan Kreuzer mehr;
Da hab'n's das Ane, 's is die Hälfte grad,
Damit a Jeder 's gleiche Nachtmahl hat,
Und geht's ma morg'n a grad wia Ihna so,
Aber ehrli' teilt hab i halt do!«
Ja, ja, das hat ka Göthe g'schrieb'n,
Das hat kein Schiller dicht'.

’s is von kein’ Klassiker, von kein’ Genie,
Das is a Wiener Herz, das zu der Armut spricht,
Und ’s klingt halt doch so voller Poesie!

Wilhelm Wiesberg (1850–1896) /
Johann Sioly (1843–1911)

D’Hausherrnsöhnl’n

In Gumpendorf drunt auf ein’ Eck Nummer zwa
Steht a dreistöckig’s Haus dort, das g’hört dem Papa,
In ein’ Zimmer da drinn steht a Kassa allan,
Und da hat den Schlüssel dazu die Mama.
Drum fehlt uns a ’s ganze Jahr niemals an Geld,
Um dös zu verputzen san mir auf der Welt,
Wann vom Arbeiten g’redt wird, da krieg’n wir an Grant,
Denn unser Vater is a Hausherr und a Seidenfabrikant.

In der Schul schon war’n wir a paar hautschlechte
Buab’n,
Hab’n niemals an G’spaß und a Gaude verdorb’n.
Nur der Lehrer hat g’sagt: »Mit eng zwa is’ a Kreuz,
Aus a paar solche Eseln wird niemals was G’scheit’s.«
Das hat er ganz groß auf die Tafel hing’schrieb’n,
Und daß er net blamiert is, so san ma’s a blieb’n.
G’lernt hab’n ma nix, aber mir san arrogant,
Denn unser Vater a is Hausherr und a Seidenfabrikant.

A guats Leb’n schreib’n ma groß und Kultur schreib’n
ma klan,
Mit der Auffassung san ma bestimmt net allan.
Mir pfeif’n auf d’ Kunst, dös is uns zu schwer,
Von backene Stelzen verstehn ma scho mehr.
Für Bildung da hab’n ma halt wenig Talent,
Aber d’ neuesten Tanz könn ma ganz exzellent.

Da brauch'n ma kan Geist und san do' elegant,
Denn unser Vater a is Hausherr und a Seidenfabrikant.

Der Polatschek Ferdl will uns imponiern,
Er tuat mit an eigenen Wag'n rumkutschiern!
Auf das is er stolz, und mir gönnen ihm d' Freud:
Das Hascherl is nur durch sei Arbeit so weit.
Der rackert sich ab wie a Viech 's ganze Jahr,
Und bis er was is, is sei Leb'n scho gar!
Da hab'n wir's scho leichter, a ohne Verstand,
Und unser Vater is a Hausherr und a Seidenfabrikant.

Zu d' Madeln gehen mir in der nobelsten Schal'n,
Damit's alle sehn: di zwa können was zahl'n!
Nur vor ein paar Tag sagt uns ane ganz frei:
»Es Sagschartenwursteln, jetzt drahts eng do glei!«
A paar solche Haub'nstöck hab i a no net g'seg'n«,
Auf das san ma dag'standen beide verleg'n.
Was? Wursteln und Haub'nstöck in so einen G'wand
Und unser Vater is a Hausherr und a Seidenfabrikant.

Auf der Straß'n erst unlängst, was is uns da g'scheg'n?
A Mann mit an' Besen, schreit: »Servus Kolleg'n!«
»Wie so denn Kolleg'n?«, hab'n ma g'ruf'n aufgebracht,
Doch er hat uns drauf g'sagt: »I hab's grad a so g'macht!
Das Geld verdraht und mir hab'n g'laubt, 's wird net gar,
Bis der letzte Knopf hin war, in a drei a vier Jahr,
Jetzt kehr' i di Straßen, das is do' schenant,
Und mein Vater war a Hausherr und a Seidenfabrikant!«

Wilhelm Wiesberg (1850–1896) /
Johann Sioly (1843–1911)

Die Weaner Gemütlichkeit stirbt niemals aus

um 1880

Die Weaner sein immer die g'mütlichsten Leut,
Mit der Hetz und der Gaude, da hab'n s' ihna Freud,
Sö zahl'n ihre Steuern mit fröhlichem Sinn
Und geb'n Gut und Blut gern fürs Vaterland hin.
Und wann a der Zeitpunkt jetzt schon alle Jahr
A nimmer so ist wie er früher einmal war,
Da macht sich a g'mütlicher Weana nix draus.
Denn so lang der alte Steffel am Stefansplatz no' steht,
So lang die blaue Donau durch d' Weanastadt no' geht,
So lang ein feschen Walzer no' geigna tut der Strauß,
So lang stirbt d' alte G'mütlichkeit beim Weaner niemals aus.

Der Stadtgrab'n, die Kästenalleen war'n a Pracht,
Dann die Wasser Glacis, völlig 's Herz hat am g'lacht,
Das war für uns Weaner a herrlicher Platz,
Jetzt ist er verschwunden, der kostbare Schatz.
Paläste und Zinshäuser stehn üb'rall dort,
Der Luxus ist sichtbar schon an jedem Ort.
Bald reißen s' schon z'samm in der Stadt jedes Haus,
Aber so lang der alte Steffel ...

O Prater, du herrlicher, schattiger Wald,
Du könnst was erzähl'n, denn du bist schon hübsch alt
Wann i denk, wie fidel dieser Kerl einst war,
Und wie er schaut aus seit dem 73er Jahr!
Die Wursteln, die Hütten sein meist demoliert,
Die Hutschen und Haspeln hab'n s' neu renoviert,
Die Wiesen, die grünen, sein abg'schert, a Graus.
Aber so lang der alte Steffel ...

A Pfründner, 70 Jahr, der einst g'habt hat a Haus,
Der kommt in d' Versorgung nach Liesing hinaus;
Sein Weib, ein alt's Muaterl, die weint was s' nur kann,
Sie will sich nit trennen von ihr'm alten Mann.
Doch er nimmt sein' Alte ganz zärtlich beim Arm
Und küßt seine Kinder so innig und warm,
Sagt: »Geh, Alte, wan' nit und mach dir nix draus,
  Denn so lang der alte Steffel ...

Carl Lorens (1851–1909)

Die Stadt der Lieder

Jedem Wiener glänzt das Auge,
Pocht das Herz, die Wange glüht,
Wenn nach jahrelanger Trennung
Er Sankt Stefan wieder sieht,
Bald vom Sonnengold umflossen,
Bald verhüllt von Nebeldunst,
Ein bewundernswertes Denkmal
Deutschen Geist's und deutscher Kunst.
Er hat Vieles schon erlebt
Dieser wackre Stefansturm,
Sah die Türken, die Franzosen,
Sah herab auf manchen Sturm.
Und g'schieht heute auch noch Vieles
Was uns zur Verzweiflung bringt,
Nun, dann tröstet uns ein Liedel,
Das ein Jed's in Wien schon singt:
    Da blickt der Steffel lächelnd auf uns nieder
    Und 's denkt sich still der stolze Dom:
    »Das ist mein Wien, die Stadt der Lieder
    Am schönen blauen Donaustrom!«

Rasch verändern sich die Zeiten,
Altes stürzt und Neues blüht,
Ewig jung bleibt aber immer
Unser schönes Wienerlied.
Was Franz Schubert uns gesungen,
Strauß und Lanner flott erdacht,
Diese Töne wirken magisch
Wie geheime Zaubermacht.
D' Wienermusik hat was Eig'nes
Sie geht ins Herz und in d' Füß,
Hört ma resche fesche Walzer,
Träumt ma sich ins Paradies.
Auf Sechse bald und bald auf Drei,
Es tobt dabei das Herz sich aus.
Wiener Walzer, kecke Schnalzer,
Wachsen nur bei uns zu Haus!
Da blickt der Steffel lächelnd auf uns nieder ...

Oskar Hofmann (gest. 1898)

's Herz von an echten Weana

Allweil hamurisch, munter,
Kernig und resch mitunter,
Sein unsre Weana fidel,
Jederzeit voll G'mütlichkeit,
Hab'n eahna Freud;
Hörn s' wo an Walzer singen,
Fangen s' gleich an zu springen,
's Walzen liegt schon im Weana Schan,
Das hab'n nur wir allan.
A Winsel, a Klampfen, mehr brauch ma net,
Beim Dudeln und Strudeln vergeß ma's G'frett.
Das Liebste, das is uns a ferme Gaudé,
Mir schrein vor Freud juhe!

's Herz von an echten Weana,
Da laßt sich manches lerna,
's kennt gar kein Stolz
Und so g'fühlvoll liegt's drin,
B'sonders für Wien,
Da hat's an Sinn;
Kennt kane faden Sachen,
Tut über Alles lachen.
An Walzer wo hör'n,
So hamurisch, voll Schneid,
Das is in Weana sei Freud.

Oft hat man Wien besungen,
's ist manches Lied erklungen,
Mir sein a stolz auf die herrliche Stadt,
Die so viel Reiz und Schönheiten hat,
Das braucht man erst net lerna,
Das waß a jeder Weana,
Der g'mütliche Sinn liegt beim Kind schon im Blut,
Eh's noch auf d' Welt kummu tut.
A Weana, a echter,
Der halt hoch in Ehr'n
Den Steffel, das Wahrzeich'n von unsern Wean,
Der halt treu und ehrlich
Zu uns Weanaleut,
Drum sing ma jederzeit:
's Herz von an echten Weana ...

Carl Lorens (1851–1909) /
Johann Schrammel (1850–1893)

Solang der alte Steffel steht

Der Weana, meiner Seel,
Is allaweil fidel,
Is immer voll Hamur,
Das liegt in der Natur;
Für ihn gibt's nur a G'stanz,
A Musik und an Tanz,
Gesang wird bei ihm kultiviert
Im echten Weanalied.
Nur fidel, an Bahöll,
Geht's auch gleich wie der wöll,
Is im Sack er auch stier,
Schreit er doch: »Mir san mir«,
Denn ihn kann nix geniern,
Laßt kan Traurigkeit g'spürn,
Bei der Musik draht er auf
Und laßt sein Züngerl freien Lauf.
    Solang in Wean der alte Steffel steht,
    A Weanakind zum Heurig'n geht,
    So lang wird pascht und g'sungen voll Hamur,
    A Weana kennt ka Traurigkeit, das kommt bei ihm
                net vur,
    Denn mir hab'n, Gott sei Dank, schon so an
                eisernen Hamur!

Dort wo man lustig singt,
Ein frohes Lied erklingt,
Dort sein mir Weana z'Haus,
Dort kenn' ma uns gut aus.
Und is auch 's ganze Jahr
Das Steuerg'frett net gar,
So is von Nachgeb'n keine Spur,
Das kommt bei uns net vor.
Traurig sein wär a Schand,
So was sein mir net g'wohnt,

Daß wir gar lamentiern,
Denn uns kann nichts geniern,
Geht's auch krumm oder grad,
Mir sein früh oder spat
Voller Witz und stets voll Kern
Für was wär'n mir denn da von Wean?
Solang in Wean der alte Steffel steht ...

Will wer a Gaude hörn,
So därf er nur in Wean
Wo um an Heurigen frag'n,
Das wird ihm jeder sag'n.
In Ottakring, Hernals,
Da draußen find't er all's,
Denn draußen sein g'wiß jederzeit
So kreuzfidele Leut.
Lustig, fesch, ungeniert,
Kernig, resch, voll Gemüt,
Auch der Wein geht ins Blut,
Denn der Tropf'n, der ist gut;
D' Musik spielt wundermild,
Und die Leut, voller Freud,
Singen nach dem Takt im Chor
Mitanander das Lied dazur:
Solang in Wien der alte Steffel steht ...

Carl Lorens (1851–1909)

Jetzt trink' ma noch a Flascherl Wein

um 1896

Der Weana ist fidel,
Er fliegt mit Leib und Seel
Nur auf a Hetz, a G'stanz,
Auf laute ferme Tanz.

Tut er beim Heurig'n sein,
Es schmeckt ihm gut der Wein,
Da kriegt er gar nicht gnua,
Er trinkt bis in der Fruah.
Und wenn vielleicht amal er dann
Beinah kann nimmer stehn,
So hängt er sich ganz schön
In d' holde Gattin ein.
Sein auch die Füßerl viel zu schwer,
Das macht ihm kein Verdruß,
Da singt er höchstens noch ein Tanz
Und sagt zum Überfluß:
Jetzt trink' ma noch a Flascherl Wein,
Holloderoh!
Es muß ja nöt das letzte sein,
Holloderoh!
Und ist das gar, gibt's ka Geniern,
Holloderoh!
So tun wir nochmals repetiern,
Nochmal repetiern! jetzt -tiern!

Der Noah, wie man waß,
Der hat einmal aus G'spaß,
Weil ihm die Zeit lang g'west,
A Weintraub'n ausgepreßt,
Den Saft hat trunken er,
Sehn S', das war sein Malheur,
Denn er hat unbemirkt
Den ersten Schweigl kriegt.
Und seit der Zeit, ich glaub, das sein
Schon viele tausend Jahr'
Da trinkt man ohne G'fahr
Das Wein'l wunderbar.
Er schmeckt gewiß ein' Jeden gut.
Drum singen wir im Chor,

Wenn keiner mehr am Tisch tut stehn,
Dem Wirt das Liedl vor:
Jetzt trink' ma noch a Flascherl Wein ...

Der Weana ist bekannt.
Das Raunzen ist er g'wohnt,
Er schimpft und raisoniert,
Daß immer schlechter wird.
Der Zins ist viel zu hoch,
Der reißt im Sack ein Loch,
Man kann beinah nicht leb'n,
Das G'schäft tut sich nicht heb'n.
Es sind die Lebensmitteln fast
Nicht zum erschwingen mehr,
Das Leben ist so viel schwer,
Das wird noch ein Malheur.
So schimpft und schreit er über die Zeit,
Ein jeder lamentiert,
Damit's a bisserl besser wird.
Da sagt zum Schluß der Wirt:
Jetzt trink' ma noch a Flascherl Wein ...

Carl Lorens (1851–1909)

So a Räuscherl

1901

Es gibt auf der Welt hier verschiedene Leut,
Die Halbscheid ist patschert, die andern sein g'scheit,
Drum bleibt einer arm und der andre wird reich,
Zum Schluß macht das Schicksal den Unterschied gleich.
Denn wann amal An' 's letzte Stündlein tut schlag'n,
So tun s' den akk'rat so wie den hinaus trag'n.
Drum tu ich mich trösten bei Bier oder Wein,
Beim Trinken da fallt mir a Kummer nöt ein.

Denn so ein Räuscherl, das ist ma lieber,
Als wie a Krankheit, wie a Fieber,
Drum trag ich a mein Geld ins Wirtshaus h'nein,
Denn i schwärm nur für Bier und Wein.
Ja so a Räuscherl, das ist ma lieber,
Als wie a Krankheit, wie a Fieber.
Drum geh ich Jahr ein, Jahr aus,
Ja ohne Räuscherl gar nie z'Haus.

's gibt Menschen, die schwärmen für Kunst und Natur,
Vom Dichten, auch Malen, da hab ich ka Spur.
Ich schwärm nur fürs Trinken, denn das löscht den
Durst,
Das andre auf der Welt, das ist mir alles Wurst.
Der Glaube macht selig, so heißt's allgemein,
Ich hab nur ein Glauben, der heißt Bier und Wein.
So ein Liter, ein guter, der hat halt ein Wert,
Da hat man beim Trinken den Himmel auf der Erd.
Denn so a Räuscherl …

Tun d' Völker auch streiten und Krieg führn mitsamm',
Da bleib ich phlegmatisch, mich können's nöt hab'n.
Was geben in China dö Boxer mich an,
Ich box, wann der Wirt a schlecht's Fassel sticht an.
Da sag ich: Du Lump du, sauf selber das Bier,
Wir woll'n Malz und Hopfen, denn mir, mir sein mir.
Denn wann's Bier ka Kraft hat, wie schau'n ma da aus,
Da gehn ma vielleicht ganz nüchtern dann z'Haus.«
Denn so a Räuscherl …

Heut tun die Professorn schon alles kuriern,
Nur eins tun's vergessen, das woll'n s' nöt einführn,
Das wär für die Trinker eine Universität,
Daß der, der ein Rausch hat, studiern hinein geht.
Gäb's dann ein Professor der Saufologie,
Da gäbet's Studenten, so viel wie noch nie.

Denn Jeder, der möcht dann die Wissenschaft studiern,
Ich selber möcht auch noch ein Kurs absolviern.
Denn so a Räuscherl …

Carl Lorens (1851–1909)

's wird schöne Madeln geb'n und mir werd'n nimmer leb'n

Weil mir heut so lusti beinander grad san,
Liegt uns an am Geld a nix dran.
Weil mir vor der Fruah gar nia z'Haus kumma tan,
Drum schmiern ma a kan Hausmaster an.
Mir ham nur a Motto und dem bleib'n ma treu,
Bis daß uns das Augenlicht bricht,
Es steht halt nix auf über d' Umdrahrerei,
Das is schon a uralte G'schicht.
Hollodaro! Hollodaro!
Es wird a Wein sein
Und mir wer'n nimmer sein,
Drum g'niaß ma's Leb'n,
So lang's uns g'freut.
's wird schöne Madeln geb'n
Und mir werd'n nimmer leb'n,
Drum greif ma zua,
Grad is's no' Zeit.

Die Welt draht si', a wia a jeder Mensch waß,
Die draht si' bei Tag und bei Nacht.
Drum hat schon das Drahn, no das is g'wiß ka Spaß,
Da Herrgott im Himmel erdacht.
Die Welt draht si fort und wann's nimmermehr draht,
Is's aus mit der Welt, no das steht.
Drum drahn ma so lang als's uns g'freut mäuserlstad
Bis alles auf Franzen halt geht.
Hollodaro! Hollodaro!

Es wird a Wein sein
Und mir wer'n nimmer sein,
D'rum g'niaß ma's Leben,
Bevor 's uns reut ...

Wer wird denn schon spar'n, das fallt uns gar net ein,
Das heb'n ma uns auf, bis ma sterb'n.
Da müßt ma in Wean nöt auf d' Welt kumma sein,
Wann Ana von uns wollt was erb'n.
Mir lassen nix z'ruck, no das is schon bestimmt,
Mir ham Alles gern, nur kan Streit.
Und daß ka Notar unsern Erben was nimmt,
Verjuck' ma halt 's Geld voller Schneid.
Hollodoro! Hollodoro!
Es wird a Wein sein ...

Josef Hornig (1861–1911) /
Ludwig Gruber (1874–1964)

Das Glück is a Vogerl

Die Menschen sie zanken und streiten,
Viel mehr als wie notwendig is,
Und machen die Welt sich bei Zeiten
Zur Höll' statt zu an Paradies.
Ein jeder Mensch möchte womöglich
Das Gute nur einzig für sich,
Von Nächstenlieb reden sie täglich
Und lassen sie täglich im Stich,
Doch nützt sie kein Jagen und Hasten,
Das Schicksal nimmt immer sein Lauf,
Es zwingt einmal alle zum Rasten,
Dann kommen sie endlich darauf:
Das Glück is a Vogerl,
Gar liab, aber scheu,

Es laßt si schwer fangen,
Aber fortg'flog'n is glei',
Das Herz is der Käfig,
Und schaust d'net dazua,
So hast auf amal dann
Ka Glück und kan Ruah.

Der Franz kann die Resi gut leiden,
Und sagt ihr's in seliger Stund,
Es schließen mitsammen die beiden
Der Liebe geheiligten Bund.
Es kommen die Monde der Rosen,
Von ihnen der Liebe geweiht,
Mit Jubeln und Lachen und Kosen
Vergeht ihre glückliche Zeit.
Doch stiehlt sich ein Zank in das Scherzen,
Man sieht voneinander sie ziehn,
Es scheidet das Herz sich vom Herzen,
Die Freud ist für immer dahin.
Das Glück is a Vogerl …

Mit Reichtum gesegnet ist einer,
Der fährt in Karossen umher.
So leichtfertig ist er wie keiner,
Die Arbeit, die kennt er nicht mehr.
Er will nur genießen das Leben,
Wirft's Geld wie beim Fenster hinaus,
Mit jeder Art Luxus umgeben,
So lebt er in Saus und in Braus.
Doch sieht er das Schicksal sich wenden,
Im Alter verfolgt ihn die Not,
Jetzt muß er mit fleißigen Händen
Verdienen das tägliche Brot.
Das Glück is a Vogerl …

Alexander von Biczo (1868–1935) /
Karl Kratzl (1852–1904)

Wien is a Sternderl vom Himmel

Es is wo a Stadt, die so lieblich und schön
Als wie a Schmuckkasterl akk'rat anzusehn,
Umschlossen von Gärten und grünenden Au'n,
Voll lieblicher Mädchen und herrlicher Frau'n.
Dort klingen die Weisen so herzig und süß,
Strauß, Lanner schuf'n Walzer, die gehn in die Füß.
    Wien is a Sternderl vom Himmel,
    Das uns der Herrgott vermacht.
    Mit seinem Strome, dem blauen,
    Und den Palästen voll Pracht.
    Jubelnd tön' vom Kahlenberge
    Ein Lied unserm Wien hell und rein.
    Du bist a Sternderl vom Himmel,
    Das nur vom Herrgott kann sein.

Kommt einer vom Ausland gar in unsre Stadt,
Die so viele herrliche Denkmäler hat,
Da sieht er den Steffel, den mächtigen Turm,
Den Wächter von Wien, der getrotzt manchem Sturm.
Es wird ihm gemüatlich, er fühlt sich zu Haus,
Voll Freud ruft aus dankbarem Herzen er aus:
    Wien is a Sternderl vom Himmel ...

Bekannt is der Wiener als fesch, ungeniert,
Sein Herz is so weich, daß er leichtsinnig wird.
A Musik und Hetz liegt in sein' Naturell,
Drum draht er oft gleich, bis die Sonne scheint hell.
Er hängt an der Vaterstadt mit Herz und Sinn
Und gäbe sie um Millionen nicht hin.
    Wien is a Sternderl vom Himmel ...

Ludwig Jamöck (1863–1953) /
Rudolf Kronegger (1875–1929)

Mei Muatterl war a Wienerin

's ist mir heut noch in Erinn'rung,
Als ob's gestern g'wesen wär,
's war a schöner Sonntagsmorgen,
Da ruft's Muatterl: »G'schwind kumm her,
Laß dir 's G'sicht und d'Handi wasch'n,
Laß die Wickerln dir frisiern,
Heut will ich zum erstenmal dich
Auf'n Kahlenberg h'nauf führn.«
Oben hat s' mir zeigt die Pracht,
Hat mi g'streichelt und hat g'lacht,
Hat g'sagt: »Schau, der Stefansdom
Und der blaue Donaustrom
Und das Häusermeer da drin
Is dein Heimatstadt, dein Wien,
Bleib stets treu dem schönen Ort!«
I hab g'halten a mein Wort.
Mei Muatterl war a Wienerin,
Drum hab i Wien so gern,
Sie war's, die mit'm Leb'n
mir die Liebe hat geb'n
Zu mein' anzigen, goldenen Wean!

Und mein Muatterl war schon älter,
Da bin ich hinaus in d' Welt,
Hab die schönsten Frau'n bewundert,
Selbst der Schönsten hat was g'fehlt.
Sah die prickelnde Französin,
Die Kreolin feurig, wild,
Sah die tugendhafte Türkin,
Kurz, manch reizend Frauenbild.
Doch bezaubernd kann allein
Nur die echte Wien'rin sein,
Die mit ihrem Kinderg'müat
Selbst die starrsten Herzen rührt,

Die das beste Herz der Welt
In der Brust verschlossen hält,
Das mit jedem weint und lacht,
Ehrlich fühlt und glücklich macht.
Mei Muatterl war a Wienerin ...

Heute is mein Muatterl nimmer,
Doch als Erbteil is mir blieb'n
D' Liab zu Wien und seine Wiener,
Die hat s' mir ins Herz h'neing'schrieb'n.
Hab geerbt die süßen Lieder
Und den goldenen Humor.
Mit dem Schatz, da bin ich glücklich,
Gib dem Reichsten etwas vor.
Wer die Wiener Weisen singt,
Wer zum Walzer leicht sich schwingt,
Wer beim guaten Glaserl Wein
Kann vergnügt und fröhlich sein,
Wem das sanfte Wienerliad
Geht zum Herzen und zum G'müat,
Dem hat schon das schönste Leb'n
Auf der Welt der Herrgott geb'n.
Mei Muatterl war a Wienerin ...

Ludwig Gruber (1874–1964)

Walzertraum

1907

Da draußen im duftenden Garten
(Gebannt blieb ich plötzlich zurück),
Da hörte ich lockende Klänge,
Die echteste Wiener Musik!
Es waren berückende Weisen,

Bald jubelnd, bald sehnsuchtsbang,
Der süßeste Wiener Walzer,
Der innigste Liebessang.
Ein Schluchzen war es und Klagen,
Ein Lachen und Weinen zugleich,
Das Lied aus glücklichen Tagen
Erschloß mir das Himmelreich:
Leise, ganz leise klingt's durch den Raum
Liebliche Weise, Walzertraum!
Süßester Schmerzen zärtlicher Chor
Dringt aus dem Herzen selig empor.
Frühlingsverlangen, Glück ohne Ruh,
Hoffen und Bangen, Liebe, bist du!
Einmal noch beben, eh es vorbei,
Einmal noch leben, lieben im Mai!

Komm, laß uns dort lauschen und singen,
Befreien das schwere Gemüt
Durch schmeichelnde Walzer und Weisen,
Vom heimischen Feuer durchglüht!
Wir wollen die Augen verschließen;
Die goldene Zeit kehrt zurück,
Wir dürfen selig genießen
Die Liebe, den Lenz, das Glück!
Nur fort aus den prunkenden Sälen,
Dorthin, wo's uns besser gefällt,
Wo Wiener Walzer erzählen
Von unserer heimischen Welt!
Leise, ganz leise klingt's durch den Raum …

Felix Dörmann (1870–1928)
und Leopold Jacobson (1878–1949) /
Oscar Straus (1870–1954)

Weinlied

1913

Du lustigster der Philosophen,
Dir widmete ich viele Strophen
Von meines Lebens heitrem Lied,
Das jetzt an mir vorüber zieht!
Du heiterster Sorgenbrecher,
Du einz'ger Trost der Lebenszecher!
Und muß das Lied zu Ende gehn,
So widme ich dir den Refrain!
    Fein, fein schmeckt uns der Wein,
    Wenn man zwanzig ist und auch die Liebe!
    Fein, fein schmeckt uns der Wein
    Wenn man dreißig ist und auch die Liebe,
    Wenn man vierzig ist, man noch gerne küßt,
    B'sonders wenn man einst sparsam gewesen ist,
    Doch wenn man älter wird,
    Ein wenig kälter wird,
    Bleibt allein nur der Wein.

War mancher schon ein Schwerenöter,
Ein Don Juan, ein Herzenstöter!
Und jagte manches edle Tier
In Herrn Cupidos Jagdrevier!
Rief mancher schon, nichts soll mich zwingen,
Das Abschiedslied so bald zu singen!
Doch zeigt die Uhr auf halber zehn,
Bequemt er sich doch zum Refrain!
    Fein, fein schmeckt uns der Wein ...

Julius Brammer (1877–1943)
und Alfred Grünwald (1886–1951) /
Edmund Eysler (1874–1949)

Fiakerlied

A echter Weana Fiaka
Is stolz auf sein'n Stand,
Mia hab'n a an Charakter,
Zeig'n euch gern Stadt und Land.
Das schöne Burgtheater und d' alten Kaiserwagen.
Die Kaiserstadt viel schönes hat, das kann ma ruhig sag'n.
A von der Stadt zum Prater
Brauch i nur kurze Zeit, da schiaß'n's immer nur so hin,
Es geht nur allweil tropp, tropp, tropp,
Und durch die Prater Hauptallee geht's bisserl mit Routin,
Weil d' Rapp'n spur'n zum Lusthaus hin,
Dort is a Pause drin.
A d' Pferd woll'n rasten, das is klar,
Weil weit war der Weg, das is schon wahr.
    Beim Lusthaus, da kehrt jeder fröhlich gern ein,
    A d' Gäst, samt Fiaka, geh'n alle hinein.
    Sie essen und trinken a Glas'l Bier auch Wein
    So bin i's g'wohnt und so soll's a sein!

I hab zwa harbe Rappen,
Mei Zeug'l steht am Grab'n,
A so wia de zwa trappen
Wern's net viel g'sehen hab'n,
A Peitschen na des gibt's net, ui jessas nur net schlag'n,
Das allermeiste wär tsch tsch, sonst z'reissen's mir in Wag'n.
Vom Stand zum Lusthaus fahr' ma in zwölf Minuten hin,
Mir springt kan's drein net in Galopp,
Da geht's nur allweil trapp, trapp, trapp.
Wan's nachher so recht schiess'n, dann spür i's in mir drin,
Daß i die rechte Pratz'n hab, daß i a Fiaker bin.
A Kutscher kann a jeder wer'n
Aber fahrn, das können's nur in Wean.
    Mei Stolz is i bin halt a echt's Weanakind,
    A Fiaker, wie man net alle Tag find't,

Mei Bluat is so lüftig und leicht wie der Wind,
Ja, i bin halt: a echt's Weanakind.

I bin bald sechzig Jahr alt,
Vierz'g Jahr steh i am Stand,
Der Kutscher und sei Zeug'l
War'n allweil fesch beinand.
Und kummt's amoi zum O'fahrn und wir i dann begrab'n,
So spannt's ma meine Rapp'n ein
Und führt's mi über'n Grab'n.
Da laßt's es aber lauf'n, führt's mi in Trab hinaus,
I bitt ma's aus nur net im Schritt,
Nehmt's meinetweg'n die Kreuzung mit.
Des is a Muaß, des Umziagn ins allerletzte Haus
Und d' Leut, die soll'n es merken, an Fiaker führt ma 'naus.
Und auf mein' Grabstein da soll stehn,
Damit's die Leut a deutli' sehn:
Sei Stolz war er war halt a echt's Weanakind,
A Fiaker, wie man net alle Tag find't,
Sei Bluat war so lüftig und leicht wie der Wind,
Ja, er war halt: a echt's Weanakind.

Gustav Pick (1832–1921) und H. Dorner /
G. Pick und H. Lakits

Wien, du Stadt meiner Träume

1912

Mein Herz und mein Sinn
Schwärmt stets nur für Wien,
Für Wien, wie es weint, wie es lacht,
Da kenn ich mich aus,
Da bin ich halt z'Haus

Bei Tag und noch mehr bei der Nacht,
Und keiner bleibt kalt,
Ob jung oder alt,
Der Wien, wie es wirklich ist, kennt.
Müßt ich einmal fort
Von dem schönen Ort,
Da nähm meine Sehnsucht kein End.
    Dann hört' ich aus weiter Ferne ein Lied,
    Das klingt und singt, das lockt und zieht.
    Wien, Wien, nur du allein
    Sollst stets die Stadt meiner Träume sein,
    Dort, wo die alten Häuser stehn,
    Dort, wo die lieblichen Mädchen gehn,
    Wien, Wien, nur du allein
    Sollst stets die Stadt meiner Träume sein,
    Dort, wo ich glücklich und selig bin,
    Ist Wien, ist Wien, mein Wien!

Bei jeder Gaudé,
Na, Sie wissen's ja eh,
Bin ich allemal gleich dabei.
Ich b'halt mein Hamur
Bis spat in die Fruah,
Mir ist alles dann einerlei.
Und wenn ich beim Wein
Dann sitze zu zwei'n,
Und sehnend ein Arm mich umschlingt,
Wenn heimlich und leis
Der Heimat zum Preis
Ein Straußischer Walzer klingt:
    Dann hört' ich aus weiter Ferne ein Lied ...

Ob ich will oder net,
Nur hoff ich, recht spät
Muß ich einmal fort von der Welt.

Geschieden muß sein
Von Liebe und Wein,
Weil alles, wie's kommt, auch vergeht.
Ah, das wird ganz schön,
Ich brauch ja nicht z'gehn,
Ich flieg doch in' Himmel hinauf,
Dort setz ich mich hin,
Schau 'runter auf Wien,
Der Steffel, der grüßt ja herauf.
Dann hört' ich aus weiter Ferne ein Lied ...

Rudolf Sieczynski (1879–1952)

Lied aus Wien

1916

Was macht glücklich, augenblicklich,
Wie man's gar nicht sagen kann,
Was macht fröhlich, was macht selig,
Stimmt vergnügt wohl jedermann.
Ganz gewiß, so was Schön's gibt's nicht mehr wie unsre Lieder
Tag und Nacht könnt man's hör'n
Und hätt's immer wieder gern.
Was Schön'res könnt's sein als ein Wiener Lied
Was jauchzt so im Herzen und geht ins G'müt,
Was stimmt uns so fröhlich, ob arm, ob reich,
Und macht uns den Engerln im Himmel gleich?
Das singende, klingende, fröhlichkeitbringende,
Herzenbezwingende Lied aus Wien.

So was Wahres, Wunderbares,
Gibt's gewiß kein zweitesmal,
Dieses Jubeln, dieses Jauchzen,
Wirkt auf jeden kolossal.

Dieser Schwung, ewig jung bleiben doch die alten Lieder,
Ganz gewiß, sicherlich,
's gibt nichts, was dem Zauber glich.
Was Schön'res könnt's sein als ein Wiener Lied ...

Alfred Maria Willner (1859–1929) und Heinz Reichert (1877–1940) / Heinrich Berté (1857–1924) nach Franz Schubert (1797–1828)

In Wien gibt's manch winziges Gasserl

1916

Alte, zähl die Kinder z'samm:
Glaub, es sind sechs Stück!
Meinst, daß wir noch alle hab'n?
Jessas, so a Glück!
Wasch die Bankerts, kampel sie,
Tut's auch ihnen weh,
Heut is großer Freudentag:
I hab a Idee!
Heut fahrn wir net aufs Land, gehn woanders hin;
Alte, spitz die Ohren jetzt: Heut bleib'n wir in Wien!
Der Kolumbus hätt gelacht,
Hätt er die Entdeckung g'macht:
In Wien gibt's manch winziges Gasserl
Mit Häuschen, verträumt und allein;
A Busch'n hängt draußt und vom Fasserl
Fließt goldgelb a würziger Wein.
In Wien gibt's manch winziges Platzerl
Wo selig der Musik man lauscht,
Und küßt man – geh, brumm net! –
Sein Schatzerl, dann wird man schon bisserl
berauscht.

Wann wir heut a Räuscherl hab'n,
Braucht ka Mensch zu schrein;
Deshalb laßt der Herrgott doch
Wachsen seinen Wein;
Draußen lebt noch 's alte Wien,
Das doch jetzt so rar;
Denn die Gentlemen von heut,
Gehn nur in die Bar.
Aber wir vom alten Schlag,
San halt doch gescheit.
Wein und Walzer und Gesang
Bleiben unsre Freud.
Wenn man über uns auch schimpft
Und sogar die Nase rümpft:
In Wien gibt's manch winziges Gasserl …

Einmal, denkst noch – war'n wir jung,
War'n verliebte Leut;
Alte, mach ka böses G'sicht:
's war a schöne Zeit!
Weißt: wann's heute Abend wird
Und es Vollmond gibt,
Druckst di wieder fest an mich,
Tust halt recht verliebt!
Über uns das Sternenzelt
Strahlt wie einst im Mai:
Zaubert uns die Jugend vor,
Die schon längst vorbei …
Rings um uns der Flieder blüht,
Und die Geige singt das Lied:
In Wien gibt's manch winziges Gasserl …

Kurt Robitschek (1890–1950) /
Robert Stolz (1880–1975)

Ich bin ein Wienerkind

1902

Mei Schatz, mei Braut,
Hat mir vertraut
Ganz leis, net laut:
Ihr Herz und Sinn
Hängt nur an Wien,
Sie hätt's halt gar so gern,
Ich sollt ein Wiener werd'n.
Mit Talent man's leicht werden könnt.
Das war mein Ziel,
Und Liebe kann gar viel!
Drum war i g'schwind
Ein Wiener Kind.
Ich garantier
Bin jetzt von hier
Aus Lieb zu ihr!
Na ja, ich bin von Wien!
Ich bin ein Wiener Kind, so wie's im Büchel steht,
Wie's heut schon selten sind, a wahre Rarität!
A fesche Drahrerei, ich bin dabei!
Hab gern a Hetz, a Lied, a blöd's, a Schlamperei!
Bin halt a Wiener Kind, so wie's im Büchel steht,
Ka Traurigkeit, na, na, na, na, dös kenn' ma nöt.
Wär ich kein Wiener wor'n, hätt ich ein Eselszorn!
Du Herrgott mein, geh, laß mich Wiener sein!

Ein Wiener Kind,
Ist man nicht blind,
Erkennt man g'schwind,
Weil's alles hat,
Von dieser Stadt!
Und schaut man auch herum
In der Welt rund-um-und-um,

Find't man nie Früchterln so wie mi'!
Den Dialekt, den plausch ich ganz perfekt!
Den Wiener Schmiß,
Den hab ich g'wiß!
Der Schwung vom G'wand
Elegant, ferm beinand'!
Ich bin ein Wiener Kind, so wie's im Buche steht …

Victor Léon (1858–1940) / Franz Léhar (1870–1948)

Ich muß wieder amal in Grinzing sein!

1915

Kinder, hört's mi an: Weil heute Sonntag is,
Gehn mir alle mit'samm' auf d' Gaudee,
Und wann morgen auch a »blauer Montag« is,
Heute hab i amal's Portmonaie!
Peperl, nimm dein Kleid mit die Tupfen,
Mitzerl, laß di net so lang schupfen,
Schani, bring mir meinen schönen Silberstock,
Alte, nimm dir deinen neuchen Unterrock,
Daß die Leutln a sehn, wer mir san,
Seid's ös firti, na schön, gehn mir's an!
I muß wieder amal in Grinzing sein,
Beim Wein, beim Wein, beim Wein!
Da sieht man ja grad bis in Himmel 'nein,
Beim Wein, beim Wein, beim Wein.
Das hat unser Herrgott schon sehr g'scheit gemacht,
Daß nach sechs Tag Arbeit ein Feiertag lacht,
Darum muß man ihm aber a dankbar sein
Beim Wein, beim Wein, beim Wein!

Die Familie geht alsdann nach Grinzing 'naus
Und es geht alles ganz nach Programm,
Nur die Mitzi und der Schurl vom Nachbarhaus
Rucken alleweil no' näher z'samm.
Der Herr Vater is schon ganz selig,
Die Frau Mutter wird's a allmählig,
Und die jungen Leutln san doch so verliebt.
Und weil von die Alten keiner Obacht gibt,
Stimmen d' Mitzi und der Schurl überein,
's gibt nix Beßres wie d' Liebe beim Wein!
I muß wieder amal in Grinzing sein …

Auf der Gassen schon a jed's Laterndl brennt,
Die Familie geht z'Haus animiert,
Und der Schurl, der bald a jedes Sternderl kennt,
Hat's der Mitzi genau expliziert,
Und das Mitzerl, das liebe Froscherl,
Hat vom Sterndlschau'n a g'schwolln's Goscherl,
Und a Stund drauf liegt a jedes in sein' Bett,
Und es träumt davon, was es am liebsten hätt,
Und in jedem sein' heimlichen Glück
Mischt sich zärtlich die Walzermusik.
I muß wieder amal in Grinzing sein …

Ralph Benatzky (1884–1957)

Im Prater blühn wieder die Bäume

1916

Kinder, schaut's zum Fenster 'raus!
Mutterl, da guck hin,
Lacht die Sonn uns alle aus,
Ist denn das mein Wien?

Maltschi, nimm dein weißes Kleid
Mit dem blauen Band:
Kinder, es is höchste Zeit,
Fahrn mir heut aufs Land!
Heut greif i ins Portmonai,
Daß mei Wien i wiedersehe
 Im Prater blühn wieder die Bäume,
 In Sievering grünt schon der Wein,
 Da kommen die seligen Träume;
 Es muß wieder Frühlingszeit sein.
 Im Prater blühn wieder die Bäume,
 Es leuchtet ihr duftendes Grün,
 Drum küss nur, küss, nicht säume,
 Denn Frühling ist wieder in Wien.

Einmal fahrn mir Ringelspiel,
Immer rundherum,
Dös is etwas fürs Gefühl
Und bringt kanen um.
Waßt noch, Mutterl, was du g'fühlt
Einst mit deinem Franz,
Mutterl, wann die Musik spielt,
Drahn mir uns im Tanz!
Hopsa schiab'risch so an Sprung!
Heut bin i mal wieder jung!
 Im Prater blühn wieder die Bäume …

Laut die Abendglocke klingt
Durch das Lüfterl fein,
San mir schon in Sievering,
Vor uns steht der Wein!
Windlicht flackert hin und her,
Langsam wird's schon kalt;
Mutterl, bitt' di, flenn net mehr,
Schau, mir werd'n halt alt!

Guck da auf die Lichterln hin,
Was da blinkt, das is mei Wien!
Im Prater blühn wieder die Bäume …

Kurt Robitschek (1890–1950) /
Robert Stolz (1880–1975)

Das Lied vom süßen Mädl

1901

So g'wachsen wie a Bamerl
Im schönen Wienerwald,
Auf winzig kleinen Fußerln
Die reizendste Gestalt.
Zwei Augen, wie die Sterne
So funkelnd, hell und rein,
Und küssen tut so gerne
Das Goscherl gar so klein.
Sie nimmt, was ihr beschieden,
Stets ohne Ziererei,
Mit wenigem zufrieden,
Wenn 's Herz nur ist dabei.
Ihr Höchstes is a Walzer,
Der geht ihr ins Gemüt;
A Jodler und a Schnalzer
Und 's echte Weanalied!
Das ist das süße Mädel,
Das ganz so akkurat
In seiner besten Laune
Der Herrgott g'schaffen hat.

Doch auch im Ernst des Lebens
Verliert's nicht den Humor,
Was immer auch mag kommen,
Fidel bleibt's nach wie vor!

Die Kindeslieb in Ehren
Ihr Leben lang sie hält,
Besonders ist das Mutterl
Ihr liebstes auf der Welt.
»Geh, Mutterl, net verzweifeln,
Nur net den Mut verliern!
Wir lassen – geh's wie immer –
Ka Traurigkeit net spürn.
Hörst Mutterl, hörst 'n Walzer?
Der mischt fein auf das Blut,
A Jodler und a Schnalzer
Macht alles wieder gut!«
Das ist das süße Mädel …

Alexander Landesberg (1848–1916)
und Leo Stein (1862–1921) /
Heinrich Reinhardt (1865–1922)

Das Weanalied

Draußen, weit in einer Vorstadt,
Wo schon bald mein Wean ein Ende hat,
Wo schon rings die Wiesen san, die Häuserln klan,
Sitzt im Hof auf ein' klan' Bankerl
Ganz gebeugt ein blindes Manderl,
Spielt auf sein Werkel müad ein Weanaliad.
Und die liaben kleinen Maderln
Tanzen in den kurzen Kladerln
Zu der Musi voller Freud und Seligkeit.
Und ein silbergraues Mutterl
Tanzt mit so ein kleinen Puterl
Wia ein kleiner schlimmer Bua
Und singt dazua:
»Das Weanaliad is was fürs G'müat.
Das is so süaß, so süaß

Und geht in d' Füaß, in d' Füaß.
Das hat ein Kern,
Tuat man das hörn,
Könnt man vor Freud und vor Seligkeit sterb'n.«

»Annerl schau, laß dir was sagen,
I tät dich auf Händen tragen.
Tua mein liebes Schatzerl werd'n,
I hab dich gern.«
»Franzl schau, tua dich nit kränken,
I kann dir mein Herz net schenken,
Denn du hast kein Kreuzer Geld
Und das is g'fehlt.«
Traurig schleicht er in sein Kammer,
Singt in seinem Liebesjammer:
»Di allani hab i gern,
Das kann i schwör'n!«
Auf einmal kommt d' Annerl g'sprungen,
Sagt: »Du hast mein Herz ersungen,
Gib mir gleich ein süaßen Schmatz,
I bin dein Schatz.«
»Das Weanalied is was fürs G'müat ...

»Servus Petrus, schamster Deana,
An schön Gruß von alle Weana,
Mach mir g'schwind dein Türl auf,
I wart schon drauf.«
»Ach, mein liaber Herr Genosse,
So schnell wird bei uns net g'schosse«,
Sagt der Petrus, »meiner Seel,
Du g'hörst in die Höll!«
Da lacht unser guates Brüaderl,
Singt a fesches Weanaliaderl,
Daß von alle Eck' und End'
Gleich all's kommt g'rennt

Und im Chor schreit: »Der muß schleuni
Gleich beim Himmelstürl eini,
Denn so Liadln aus unserm Wean
Dö hörn mir gern.«
»Das Weanalied is was fürs G'müat ...

Franz Paul Fiebrich (1879–1935)

Grüß mir mein Wien

1924

Wenn es Abend wird, wenn die Sonne sinkt,
Wenn der Geige Lied von der Puszta klingt,
Sitz ich oft allein hier beim Glaserl Wein,
Denk, wie schön wär's bei Euch jetzt zu sein.
Wenn der alte Mond dort am Himmel thront,
Mild herunter scheint, sag ich: Prost, mein Freund,
Lieber Mond, unterbrich deinen Lauf,
Hör mir zu, denn ich trag dir was auf:
Grüß mir die süßen, die reizenden Frauen,
Im schönen Wien,
Grüß mir die Augen, die lachenden, blauen,
Im schönen Wien,
Grüß mir die Donau und grüß mir den Walzer
Im schönen Wien;
Grüß mir die heimlichen Gäßchen wo Pärchen
Des Abends heimwärts ziehn.
Grüß mir mein singendes, klingendes Märchen,
Mein Wien, mein Wien, mein Wien.

Wenn der Abendwind in den Bäumen singt
Von der schönen Zeit der Vergangenheit,
Wenn im Geist vor mir ich die Heimat seh,
Wird's ums Herz mir so wohl und so weh.

Wenn du wiederkehrst, wenn du heimwärts fährst
In das liebe Land dort am Donaustrand;
Wo ein Kranz grüner Berge dir winkt,
Wo die lieblichsten Lieder man singt:
Grüß mir die süßen, die reizenden Frauen ...

Julius Brammer (1877–1943)
und Alfred Grünwald (1886–1951) /
Emmerich Kálmán (1882–1953)

D' lustigen Weanaleut

Ja, echte Weanaleut
San lusti jederzeit
Denn 's echte Weanabluat
Is voller Übermuat,
Bei jeder Drahrerei
San d' Weana glei' dabei,
Da wird ka Geld net g'schont,
So san mir's g'wohnt!
Nur mit der Arbeit ja, hab'n mir ka Glück,
Mir hab'n fürs Nixtuan an größer'n Chic.
Aber jed's Liadl, was uns einer singt,
An jeden Menschen ins Herz 'nein dringt.
Ja, 's gibt auf der ganzen Welt doch nur a Wean,
Da kann ma halt alle Tag die höchsten Tanz' hörn.
Ja, da ist's noch kreuzfidel, da is's a Freud,
Denn bei uns find't ma noch die lustigsten Leut!

Die allerschönsten Frau'n,
So herrlich anzuschau'n,
Find't man, wie allbekannt,
In keinem andern Land.

A echte Weanerin
Hat Herz und frohen Sinn
Und is zu jeder Zeit
Voll Chic und Schneid.
Nur mit der Arbeit ja, hab'n mir ka Glück …

Gibt's denn was Höher's
Als wia a Frau,
Mit an liab'n G'frieserl
Und mit an G'schau
Just wia a Engerl,
So liab und so rein,
Und wann sie singt,
Glaubt man im Himmel zu sein!
Nur mit der Arbeit ja, hab'n mir ka Glück …

Josef Hadrawa (1869–1950) /
Rudolf Kronegger (1875–1929)

I bin a stiller Zecher

Wann i auf d' Nacht zum Wein geh,
Hat G'sellschaft gar kan Zweck.
Denn wann i ganz allein geh,
Sauft keiner mir was weg.
Auf Musi leg i gar kan Wert,
Was brauch i denn schon die?
I mach mir selber mein Konzert
In eigener Regie.
I bin a stiller Zecher und sing die ganze Nacht,
Wann mi mein voller Becher in Stimmung hat gebracht.
Und sagt wer, i soll stad sein, dann sag i drauf zu eahm:

Mei lieber Herr, was hab'n S'denn nur?
Was woll'n S' denn nur in einer Tour?
I bin a stiller Zecher, drum mach i so an Lärm!
Holleri hollero hallihallo!
Heut is mir alles wurscht, i bussel olli o!
Holleri, hollero hallihallo!
A jeder stille Zecher macht das grad a so!

Von weißen Nachtgespenstern
Ist jedes Haus besetzt.
Sie schrein aus allen Fenstern:
»Herr, mir woll'n schlafen jetzt!«
Da sag i: machts ka solches G'schra
Und legts euch nur ins Bett!
Wanns ruhig schlafts,
Das stört mi ja beim Singen weiter net!
I bin a stiller Zecher und sing die ganze Nacht …

Ein Wachmann voll Empörung
Schleppt mi zur Polizei.
Er sagt, a Ruhestörung
Is meine Singerei.
Sag i: »Das is a Unrecht doch!
Gehen S' nur in d' Oper 'nein,
Dort singen d' Leut viel lauter noch,
Und die sperrt keiner ein!
I bin a stiller Zecher und sing die ganze Nacht …

›Salpeter‹ (d. i. Karl Pollach, 1899–1969) /
Hermann Leopoldi (1888–1959)

Wer das Wienerlied erfunden

Als klanes Maderl schon
Hat jeder Geigenton
Mei Blut rebellisch g'macht,
Hab tramt die ganze Nacht.
Statt einer Firmungsuhr,
Red i der Godel zua,
Möcht ich nach Grinzing fahrn,
So war's in früh'ren Jahrn.
Heut is a andre Zeit,
»Jazz« woll'n die jungen Leut,
I hab für das kan Sinn,
I bleib a Weanerin,
Und is's a net modern,
I hör die Schrammeln gern;
Wer da net selig wird,
Der hat ka G'müat.
Wer das Wienerlied erfunden,
Ja, der g'hört in Gold gebunden,
Das fallt net an jeden ein,
's kann nur von an Weana sein.
Es erzählen uns die Geigen
Von dem Zauberwalzerreigen,
Hast die Lorbeer'n dir verdient:
Du mein Wienerlied, du Weanakind.

Man hat oft seinen Tag,
Wo man kan Menschen mag,
Da is am gar nix recht,
Sogar die Sonn scheint schlecht;
Der Wein schmeckt a net guat,
Es paßt am gar ka Huat,
Macht wer an Witz, an Gspaß,
Kumm i in d'Hitz, in d'Rasch,

Dann renn i ganz verlurn
Bis Grinzing mit mein Zurn.
Auf einmal bleib i stehn,
Hör d' Musi spiel'n so schön,
Da wird mir warm ums Herz.
Vorbei is jeder Schmerz,
Glei' wieder freut mich 's Leb'n,
Kann's Schönres geb'n?
Wer das Wienerlied erfunden …

Fritz Wolferl (1899–1974) /
Karl Föderl (1885–1953)

Schön ist so ein Ringelspiel

Treten S' ein, nur herein, größter Jux für groß und klein!
Jeder Schimmel neu lackiert, Werkel frisch geschmiert!
Eine Fuhr, eine Tour kostet zwanzig Groschen nur,
Eine Reise voller Spaß, ohne Reisepaß.
Jeder hutscht sich, wie er kann. »Vorwärts, gehn wir's an!«
Schön ist so ein Ringelspiel!
Das is a Hetz und kost net viel.
Damit auch der kleine Mann
Sich eine Freude gönnen kann.
Immer wieder fährt man weg
Und draht sich doch am selben Fleck.
Man kann sagen, was man will …
Schön ist so ein Ringelspiel!

Dritter Mai, vierter Mai, welcher Tag ist einerlei,
Immer steht vor deiner Tür irgendein Kassier!
Ob es März, ob August, jeden Tag du zahlen mußt,
Einmal Steuer, einmal Gas, immer gibt's etwas!
Alle geb'n sich nacheinand' die Türschnall'n in die Hand!
Schön ist so ein Ringelspiel! …

Der Herr Franz ganz diskret mit sein Flirt in Prater geht;
Er ist zwar eine Ehemann, doch was liegt ihm dran?
Mit Gaudee und Bahöll fahren beide Karussell,
Plötzlich ruft sie: »Franzl, schau, is das net dei' Frau?«
»Ja«, schreit er, »Fixlaudonstern! Mit mein' Zimmerherrn!«
Schön ist so ein Ringelspiel! ...

Peter Herz (1895–1987) /
Hermann Leopoldi (1888–1959)

Wenn der Herrgott net will

Die Welt ist so schön, und die Welt ist so reich,
Doch ist halt das Leben für alle nicht gleich.
Es geht durcheinander, es ist kunterbunt,
Und doch ist die bucklige Welt kugelrund.
Ein jeder Mensch hofft, und ein jeder Mensch strebt,
Doch viele sind da, die umsonst nur gelebt,
Was nützt alles Denken, es gibt nur den Schluß:
Es kommt schließlich alles, wie kommen es muß:
Wenn der Herrgott net will, nutzt es gar nix,
Schrei net um, bleib schön stumm, es war nix.
So war's immer, so bleibt es für ewige Zeit,
Einmal ob'n, einmal unt', einmal Freud, einmal Leid.
Wenn der Herrgott net will, nutzt es gar nix,
Sei net bös, net nervös, denk, es war nix.
Renn nur nicht gleich verzweifelt und kopflos herum,
Denn der Herrgott weiß immer, warum.

Das Leben hat mir eine Lehre geschenkt,
Es kommt immer anders, als man es sich denkt.
Drum soll man nie sagen: Es muß und ich will!
Der Herrgott entscheidet, und du halte still.
Sei immer zufrieden mit deinem Geschick,
Beneide nicht immer die andern ums Glück.

Wie schnell kann es anders oft sein über Nacht,
Das Ende wird immer von oben gemacht.
Wenn der Herrgott net will, nutzt es gar nix ...

Ernst Arnold (1892–1962) und
Artur Kaps (1907–1974) / E. Arnold

Es hat a Weanalied an meinem Herzen g'rührt

I waß, es is mit mir was g'scheh'gn,
I muß allani sein;
I kann heut kane Leut mehr sehg'n,
I findert mi' net drein.
I waß net, was die Schuld dran is,
Vielleicht war's nur der Wein?
Doch na, i glaub, es kann nur g'wiß
Die Musi g'wesen sein.
Es hat a Weanaliad an meinem Herzen g'rührt;
Es hat mi wurlert g'macht,
Und i hab g'want und g'lacht.
A Liad voll Innigkeit aus meiner Kinderzeit ...
Drum gibt in aner Tour mei Herz ka Ruah!

I war verliabt scho' mehr als gnua
In manches Weanakind,
Doch jetzt laßt mir mei Herz a Ruah,
Mi' packt net bald was g'schwind.
Nur wann i wo a Musi hör,
Da siecht ma's jeder an,
Daß drin in meiner Brust
Net all's so richtig stimmen kann.
Es hat a Weanaliad an meinem Herzen g'rührt ...

I brauch für mi ka Ewigkeit,
Was machert i denn dort?

I find scho' da mei Seligkeit
Und geh von Wean net fort.
Und san a d' Engerln bös auf mi
Da drob'n im Paradies.
Der Herrgott fühlt genau wia i
Und waß, was mit mir is.
Es hat a Weanaliad an meinem Herzen g'rührt …

Fritz Eckhardt (1907–1995) /
Oskar Schima (1894–?)

Ich trag im Herzen drin

1941

Perle im Donautal,
Reizendes Wien,
In jedem Glaserl liegt
Ein kleines Märchen drin!
Märchen von dazumal,
Voll Poesie,
Leis erklingt im Innern
Von uns alten Wienern
Eine süße Melodie:
Ich trag im Herzen drin
Ein Stückerl altes Wien,
Ein Stückerl Seligkeit
Aus dieser Zeit.
Sind auch wir ältern Herrn
Heut bisserl unmodern,
Freunderl, das macht uns nichts, tut uns net leid.
Sind wir auch graumeliert,
Was schließlich jeder wird,
Schaun uns doch dann und wann
D' Maderln noch an!

Ich trag im Herzen drin
Ein Stückerl altes Wien
Und bleib auf jeden Fall so, wie ich bin.

Du warst jung, ich war jung,
Das ist vorbei,
Nur die Erinnerung
Bleibt jetzt noch für uns zwei!
Du warst fesch, ich war fesch
Und so verliebt,
Denk nur an die Schatzerln,
An die süßen Fratzerln,
Weil's ja doch nichts Schönres gibt:
Ich trag im Herzen drin …

Josef Petrak (1907–1979) /
Anton Profes (1896–1976)

Ich hab a Stückerl altes Wien entdeckt

Die Weanastadt hat schon viel mitgemacht,
Hat öfter g'want und hat nur selten g'lacht,
So vieles ist vorbei und geht uns ab,
Drum bin i froh, daß i was g'funden hab':
I hab a Stückerl altes Wien entdeckt,
Dort hat sich d' Weana G'mütlichkeit versteckt,
Dort treff i d' alten Spezi,
Die Freunderln, das versteht sich.
Dort kommen alle echten Weana z'samm,
Die noch a Herz für d' Weana Musi hab'n;
Ist auch so manches schon dahin,
Dort lebt ein Stückerl altes Wien.

Das alte Wien hält in der Vorstadt Rast
Und ist an manchem Platzerl Ehrengast,

Dort wird's verhätscherlt wie a klanes Kind,
Damit's nur recht a warmes Nesterl find't:
I hab a Stückerl altes Wien entdeckt ...

Josef Petrak (1907–1979) / Josef Fiedler

Heut kommen d'Engerln

Was is denn heut nur los,
Was is denn heut nur g'schehn,
Heut san so überfüllt
Die achtadreiß'ger Wäg'n,
Der Schaffner, den i frag,
Der schwitzt vor lauter Plag
Und sagt mir gleich den Grund für diesen Feiertag:
Heut kommen d' Engerln auf Urlaub nach Wean,
Denn dort war'n s' z'Haus
Drum hab'n s' die Weanastadt gern,
Hörn dann die Schrammeln und singen dazua
D' Leuteln beim Weinderl, die kriag'n gar net gnua.
Hinter an Bam steht Gott Amor und lacht,
Viel wird er anstell'n in Wean heute nacht,
Der Petrus im Himmel schaut runter auf Wien,
Weanaleut, Weanafreud, da liegt was drin!

Der Petrus sagt verschmitzt,
Wie er beim Herrgott sitzt,
Die Engerln möchten gern
Auf Urlaub gehn nach Wean,
Der Herrgott sieht das ein,
Drum sagt er auch nicht nein
Und unterschreibt für d' Engerln einen Urlaubsschein.
Heut kommen d' Engerln auf Urlaub nach Wean ...

Franz Josef Hub (1904–1955) /
Franz Ferry Wunsch (1901–1963)

Ich hab mir für Grinzing ein'n Dienstmann engagiert

Ich bin ein fleißiger Besucher
Von Lokalen, wo der Wein zu Haus!
Ich kenn mich in den verzwickten Sorten
So wie ein Fachmann aus dem »F« gut aus!
Weil ich die Weine wissenschaftlich untersuch bis in die
Früh,
Kam ich zum Schluß auf die Philosophie:
Ich hab mir für Grinzing ein'n Dienstmann engagiert,
Der mich nach Hause führt, wenn irgendwas passiert,
Denn auf den Wein, da kann der Mensch sich nicht
verlassen,
Da wackelt erst der Kopf und dann sogar die Gassen!
Ich hab mir für Grinzing ein'n Dienstmann engagiert,
Der hat mich numeriert, damit mir nix passiert!
Jedoch am Ende dieser seligen Partie,
Da war der Dienstmann noch viel b'soffener als i!

Meine Seele hängt an diesem Dienstmann
Viel, viel mehr als an der werten Frau!
Denn der gute Dienstmann, der versteht mich,
Und meine Alte nimmt mich zu genau!
Für zwei, drei Schilling und an Kas und ein paar Liter guten
Wein,
Sag ich ihm, was ich will, und er steckt's ein!
Ich hab mir für Grinzing ein'n Dienstmann
engagiert ...

Fritz Rotter (1900–1984) /
Bruno Uher (geb. 1912)

In einem kleinen Café in Hernals

Ein kleines, gemütliches Vorstadtlokal,
Das hab ich da neulich entdeckt.
Fauteuils hab'n kein Samt und 's Klavier kein Pedal,
Und »Kracherl« so heißt dort der Sekt!
Im Grandhotel ist es mondäner,
Doch hier ist es tausendmal schöner!
  In einem kleinen Café in Hernals
  Spielt's Grammophon mit leisem Ton an English Waltz!
  Dort genügen zwei Mokka allein,
  Um ein paar Stunden so glücklich zu sein!
  In einem kleinen Café in Hernals
  Klopft manches Herzerl hinauf bis zum Hals,
  Und geb'n zwei Verliebte sich dort Rendezvous,
  Drückt der Herr Ober ganz diskret ein Auge zu!

Die Tassen, die sind dort aus dickem Porz'llan,
Zerbrechlich so leicht sind sie nicht;
Die Herzen dagegen sind sehr filigran,
Und oft kommt es vor, daß ein's bricht!
An Zeitungen hab'n s' keine Spesen:
Dort wird in den Augen gelesen!
  In einem kleinen Café in Hernals …

Dort steht auf drei Füßen ein altes Billard,
Man weiß nicht, wozu überhaupt,
Nur dann und wann spielt Carambol dort ein Paar,
Masséstöße sind nicht erlaubt.
Beim Schach fehlt ein Turm und der König,
Das kümmert die Leut draußen wenig!
  In einem kleinen Cafe in Hernals
  …
  Drückt der Herr Ober alle beide Augen zu!

Peter Herz (1895–1987) /
Hermann Leopoldi (1888–1959)

Drunt' in der Lobau ...

Wo die Donau mit silbernen Armen umschlingt
's letzte Stückerl vom träumenden Wien,
Wo die Einsamkeit winkt,
Wo die Nachtigall singt,
Und das Heimchen noch nistet im Grün;
Dort lacht das Glück aus tausend Zweigen,
Dort ist der Blütenduft so eigen
Am stillen Waldrand,
Wo ich mein Liebchen fand:
Drunt' in der Lobau, wenn ich das Platzerl nur wüßt,
Drunt' in der Lobau hab ich ein Mädel geküßt;
Ihre Äugerln war'n so blau
Als wie die Veigerln in der Au
Auf dem wunderlieben Platzerl in der Lobau!

Und die Stunden vergingen, wir saßen beim Teich,
Und wir hatten einander so lieb.
Und die Vöglein, sie zwitscherten alle zugleich
Uns ihr Lied, daß es immer so blieb'.
Wir träumten unser schönstes Märchen,
Wir waren ein verzaubertes Pärchen,
Das in der Traumwelt
Sich fest umschlungen hält:
Drunt' in der Lobau, wenn ich das Platzerl nur wüßt ...

Doch es kam dann ein Tag,
Und ich ging durch den Hag
So wie einst, als die Welt noch so schön,
Hörte nicht aus den Zweigen der Nachtigall Schlag,
Konnt die Blümlein am Weg nicht mehr sehn.
In meinem Herzen brannt' ein Sehnen,
Aus meinen Augen fielen Tränen,

Am stillen Wegesrand,
Wo einst mein Liebchen stand:
Drunt' in der Lobau, wenn ich das Platzerl nur wüßt ...

Alois Eckhardt, Fritz Löhner-Beda (1883–1942), Heinrich Strecker (1893–1981) / H. Strecker

Ich kenn ein kleines Wegerl im Helenental

1940

Wenn zwei Menschen sich lieben und einig sind,
Daß sie jede Umgebung geniert,
Ja dann suchen s' an Platz wo s' alleinig sind,
Wo ka Onkel spaziert, kane Tant' spioniert,
Wo ka Wirtshaus steht,
Wo ka Wachter geht,
Wo sie höchstens a Eichkatzel sieht
Wo sich gleich jede Wolke am Himmel verzieht,
Kurz und gut ein »Naturschutzgebiet«!
Ich kenn ein kleines Wegerl im Helenental
Das ist für alte Ehepaare viel zu schmal,
Die Jungen aber müssen eing'hängt gehn,
Und das ist schön, und das ist schön!
Das Gras, das dorten wachst, macht keine grünen Fleck',
Beim ersten Busserl schaun sogar die Bäume weg,
Und kriegen dann als Dank dafür ein Herz mit Jahreszahl
Am lieben kleinen Wegerl im Helenental.
Bei Baden, bei Baden, bei Baden bei Wien!

Wenn auch dort viele Paarl'n auf einmal sind,
Stört das eine das andre nicht viel,

Jeder stellt sich dort taub, wenn es sein muß auch blind,
Weil doch jed's fürs Gefühl ganz was ähnliches will.
Und dem Schneck und der Schneckin genügt ein Haus
Und zu zweit hüpft der Heuschreck durchs Gras,
Und der Klee, der kommt dorten nur vierblättrig 'raus,
Und zu Häsin sagt leise der Has:
Ich kenn ein kleines Wegerl im Helenental
...
Bei Baden, bei Baden, bei Baden bei Wien.
Und nächsten Sonntag gehen wir zwei dorthin.

Alexander Steinbrecher (1910–1982)

Ja, ja der Wein ist gut!

Wenn i einmal schlecht aufg'legt bin,
Dann geh i zu an Freunderl hin,
Der hat mich tröst' no' jede Stund
Und bin i krank macht er mi g'sund!
Mir san beinand jahrein jahraus
Und er begleit' mi immer z'Haus.
I spar mein Geld für ihn allein,
Mein teuren Freund den Wein.
Ja, ja der Wein ist gut,
I brauch kan neuen Hut,
I setz den alten auf,
Bevor i Wasser sauf!
Wo a greans Kranzerl winkt,
Man Wiener Lieder singt,
Hör i der Musi zua
Bis in der Fruah! Halloh!

Mei Lebtag war i für kan Pflanz,
I pfeif auf d' Mod und Eleganz,

Brauch ka Pomad und kan Parfein,
Mei Naserl riecht nur gern an Wein;
I stamm no aus der alten Zeit,
I bin halt nur für d' Gmütlichkeit
Und sitz i bei an Wein, an kühl'n,
Da müssen d' Schrammeln spiel'n.
Ja, ja der Wein ist gut ...

Die Welt, die is mir zu modern,
I will auf mei Art selig werd'n,
Da brauch i net viel Geld dazua,
I will mein Wein nur und mei Ruah!
Und wenn's beim Drahn mich einmal packt
Und mir die letzte Sperrstund schlagt,
Werd i mi mit an Schwips, an klan,
In' Himmel einidrahn!
Ja, ja der Wein ist gut ...

Jo Gribitz (1894–?) /
Heinrich Strecker (1893–1981)

Draußen in Sievering blüht schon der Flieder

1934

Es dämmert schon, der Tag ist aus,
Kein Mädel bleibt da gern zu Haus.
Sie schlüpft in ihr getupftes Kleid
Und ist für ihren Schatz bereit.
Er fragt galant: »Wo willst du hin?
Was ist denn los heut Nacht in Wien?«
Da lächelt sie und sagt ganz still:
»Du weißt ja, was ich will.«
Draußen in Sievering blüht schon der Flieder,
Merkst du's, spürst du's, hast du's g'sehn?

So eine Frühlingsnacht kommt nicht bald wieder,
Heute, fühl ich, muß was g'scheh'n.
Draußen in Sievering blüht schon der Flieder,
Lockend wie ein leises Fleh'n,
Duftet im Mondenschein, zieht sich ins Herz hinein,
Merkst du's, spürst du's, hast du's g'sehn?

Ein kleines Haus, von uns entdeckt,
Wo grün ein Kranz am Tore steckt.
Ganz weit von Hast und Lärm der Zeit
Schenkt dort der Wirt die Seligkeit.
Ein Gartenzaun am End der Welt,
Der alles Glück umschlossen hält,
Daß man sich dorthin sehnt zu Zwein,
Das macht nicht nur der Wein.
Draußen in Sievering blüht schon der Flieder …

Hans Adler (1880–1957) /
Oskar Stalla nach Johann Strauß (1825–1899)

Steh auf, liebes Wien

Ich kenn ein kleines Beisel in der Stadt,
Auf das der Krieg direkt vergessen hat,
Der Wirt hat net amal zum Volkssturm g'hört
Und Bomben hab'n ihn kaum gestört.
Es sitzen fast dieselben Leut wie früher drin,
Nur wird man ohne Wein viel schneller müd.
Und wenn ich ganz besonders schlecht in Stimmung bin,
Tröst' mich der alte Wirt mit einem neuen Lied.
Steh auf, liebes Wien, und schenk dir ein, liebes Wien,
Es wird ein Wein, liebes Wien, bald wieder sein.

Glaub fest, liebes Wien, es wird schon gehn,
Ist es heut auch nicht schön,
Bald lacht wieder Sonnenschein.
In die Oper gehn wir wieder und in Grinzing
wird es blühn
Und dann sagen wir wieder stolz: Unser Wien!
Steh auf, liebes Wien, und schenk dir ein, liebes
Wien,
Es wird ein Wein, liebes Wien, bald wieder sein.

Es is ka schöne Zeit, in der wir leb'n.
Doch falsch wär's, jetzt den Mut schon aufzugeb'n.
Denn was so Krieg und Elend anbelangt,
Hat Wien sich immer schnell derfangt.
Ich weiß ja, Spezi, was du mir jetzt sagen wirst:
Ja glaubst denn du, daß mir's vielleicht net stiert?
Doch wenn du überhaupt kein Lust zu gar nix spürst,
Spiel erst an alten Tanz und dann probier mein Lied:
Steh auf, liebes Wien ...

Peter Wehle (1914–1986)

Die alte Engelmacherin

Wenn ich denk an vergangene Zeiten,
An die herrlichen Sehenswürdigkeiten,
Unsrer Wienerstadt von anno damals,
Dann klopft bis zum Hals mir mein alt's Wienerherz ...
Es erzählte mir oft mein Herr Vater
Von der Sesselfrau, vom Maronibrater.
Doch mit'n Fiakerer und Wasserer gingen dahin
Die schönsten Berufe aus Wien.
Man hat drüber g'sungen voll Herz und voll G'müt,
Nur für einen Beruf gab's bis jetzt noch kein Lied:

Die alte Engelmacherin vom Diamantengrund,
Die gibt's heut nimmermehr.
So manchem Mäderl, das in Not war
Und vor Angst und Scham halbtot war,
Hat gerettet sie die Ehr.
Sie hat an Floh gemacht aus jedem Elefanten
Und erwarb viel Sympathie,
Weil hast du heut auch keine Sorgen,
Hast du sie vielleicht schon morgen
Und an Ausweg wußt nur sie.
Ihre Kundinnen, die waren niemals skeptisch.
Sie blieben ihr ein ganzes Leben treu,
Und war ihr Werkzeug einmal nicht ganz
antiseptisch,
Dann machte sie statt einem Engerl zwei.
Die alte Engelmacherin vom Diamantengrund
Verteidigte sich dann:
Überlegt's euch doch a wengerl,
's gibt im Himmel so viel Engerl
Und auf ein, zwei mehr kommt's wirklich nicht
mehr an.

Sie hat viel Katastrophen verhindert,
Auch die Wohnungsnot hat sie oft gelindert.
Und sie hat, auch wenn's niemanden kümmert,
Atome zertrümmert, als erste in Wien.
Sie verzichtete auf jeden Titel,
So bescheiden waren ihre Mittel.
Was die Ärzte erreicht hab'n mit viel Evipan,
Hat sie nur mit'n Gottvertrau'n g'tan.
Und manchmal, als Lohn für ihr edles Bemühn,
Da kommen die Engerln auf Urlaub nach Wien.
Zur alten Engelmacherin am Diamantengrund,
Wir liebten sie so sehr,
Weil ihre Hilfe war für alle
Und ihr Sinn fürs Soziale

War beinah schon legendär.
Die alte Engelmacherin vom Diamantengrund
Hat jeder g'kannt am Grund,
Sogar die Polizei.
Ja, aber auch ein Polizeirat
Is a Mensch und is verheirat',
Deshalb fand er nichts dabei.
Jedoch es gibt im Leben immer wieder Neider
Die Ärzte hab'n ihr's Handwerk abgestellt.
Die machen heut genau dasselbe, aber leider
Verlangen's dafür zehnmal soviel Geld.
Die alte Engelmacherin vom Diamantengrund
Hat das net lang ertrag'n
Und sie ist vor ein paar Jahrn
Leider selbst ein Engerl word'n
Und dann hab'n die andern Engerln sie
derschlag'n. – Hallo!

Gerhard Bronner (geb. 1922)

Krügel vor'm G'sicht

1960

Musiker: Kinder wir hab'n eine herrliche Zeit
Wurscht, wo man hinschaut, der Mensch hat a
Freud.
Wien is a Weltstadt, das G'schäft geht wie g'schmiert
Und jeder Sechste ist motorisiert.
Mit dem Auto fahrst, wo ein grean's Kranzerl dir
winkt
Ein vernünftiges, zünftiges Weanerliad klingt,
Dort wohnt sogar noch heut
Echte Gemütlichkeit
Wie in der Backhendlzeit.

Aber das Backhendl schmeckt nicht allein
Daß's besser runterrutscht, braucht ma' an Wein
Und nach dem sechsten Glas
Draht si' die Welt im Kraas,
Und wer uns zuaschaut, sagt: »Die zwaa san klass!«

A Krügerl ...
Gast: ... a Glaserl ...
Musiker: ... a Stamperl ...
Gast: ... a Tröpferl ...
Beide: Da werd'n unsre Äugerln gleich feucht.
Musiker: Da warmt si' des Herzerl,
Gast: Da draht si' mei Köpferl,
Beide: Die Fußerln werd'n lüftig und leicht.
Gast: Dann muaß i der Musi an Hunderter reib'n,
I bin in mein' Himmel – und dann geh i speib'n ...
Musiker: Ein Spitzerl ...
Gast: ... ein Schwipserl ...
Musiker: ... a Schwamm ...
Beide: Is unser tägliches Arbeitsprogramm.

Musiker: Kurz nach dem Krieg, da war's Leben so mies ...
Gast: Da hab i g'soffen, damit i vergiß.
Musiker: Jetzt geht's uns guat scho' seit längerer Zeit ...
Gast: Da macht des Saufen erst richtig a Freud!
Musiker: Es is scho' längst der Rekord übertroffen bei uns
Zwölf Milliarden werd'n jährlich versoffen bei uns.
Beide: Aber wir schau'n uns dann
Unsre Regierung an
Die geht mit'n Beispiel voran.
Musiker: Wollten's net selbst so viel B'soffene hab'n,
Gabert's fürs Saufen net so viel Reklam.
Gast: Drum hör i niemals auf,
Und geht mei Leber d'rauf,
Kriag i a Krankengeld, daß i's versauf ...

Musiker: Ein Krügerl …
Gast: … a Glaserl …
Musiker: … a Stamperl …
Gast: … a Trankerl …
Beide: Und dann fahr'n ma Automobil
Gast: Dann scheib' i wen nieder
Musiker: Und der macht a Bankerl,
Beide: Passier'n kann uns eh net sehr viel.
Musiker: Weil wenn man uns kurz in den Häfen schickt,
Gast: Na wenn schon? 's is a Kavaliersdelikt.
Musiker: Ein Spitzerl …

Gast: … a Schwipserl …
Musiker: … a Räuscherl …
Gast: … a Schwül …
Beide: Ma braucht zur Seligkeit zwaa, drei Promill!
Der Mensch braucht:
A Krügerl, a Glaserl, a Stamperl, a Schluckerl …
Gast: Wann i dann mei Alte verplesch,
Musiker: Dann freu'n sich die Leut und sag'n:
»Das is ein Schnuckerl!«
Beide: Weil b'soffen sein, is ja so fesch.
Musiker: Und kriag i a Kind, und des wird a Kretin,
Beide: Viel blöder als wir, kann der a nimmer sein.
Musiker: Ein Spitzerl,
Gast: … a Schwipserl …
Musiker: … a Räuscherl …
Gast: … a Schweigerl,
Beide: Sonst fühl'n wir uns nimmermehr wohl
Gast: Weil hab i erst das nötige Quantum da drin,
Dann merk i net, was für ein Trottel i bin …
Beide: Drum brauch ma den Alkohol!

Gerhard Bronner (geb. 1922)

Der Tod muss ein Wiener sein

Da droben auf der goldenen Himmelbastei,
Da sitzt unser Hergott ganz munter
Und trinkt ein Glas Wein oder zwei oder drei
Und schaut auf die Wienerstadt runter.
Die Geister, die geistern bei ihm umeinand,
Er hat's in der Hand jederzeit,
Das Glück und das Unglück, den Tod und die Schand
Und die Lieb und den Zorn und den Neid
Und den Geiz und die Gier und die Gall und die Gicht –
Ja, da gibt's eine sehr große Schar.
Wie die Geister dort ausschaun, also das weiß ich nicht,
Aber eines ist mir völlig klar:
Der Tod, das muss ein Wiener sein,
Genau wie die Lieb a Französin.
Denn wer bringt dich pünktlich zur Himmelstür?
Ja, da hat nur ein Wiener das G'spür dafür.
Der Tod, das muss ein Wiener sein.
Nur er trifft den richtigen Ton:
Geh Schatzerl, geh Katzerl, was sperrst dich denn ein?
Der Tod muss ein Wiener sein.

Die Mitzi, die Fritzi und die Leopoldin
Sind fesche und lustige Madeln,
Haben Guckerl und Wuckerln wie jede in Wien
Und Handerln und Zahnderln und Wadeln.
Sie werden dem riesigsten Schnitzel gerecht
Und tanzen noch Walzer dabei
Und singen so hoch, wie die Callas gern möcht,
Und ihr Herz ist für jedermann frei.
Doch auch Wiener Madeln sterben, wenn der Herrgott es will,
Und wenn das einem Madel geschieht,
Dann is's aus mit dem Tanzen, dann lächelt s' nur still
Und singt ganz versonnen das Lied:

Der Tod, das muss ein Wiener sein,
Genau wie die Lieb a Französin.
Denn wer bringt dich pünktlich zur Himmelstür?
Ja, da hat nur ein Wiener das G'spür dafür.
Der Tod, das muß ein Wiener sein.
Nur er trifft den richtigen Ton:
Geh Schatzerl, geh Katzerl, was sperrst dich denn ein?
Der Tod muss ein Wiener sein.
Geh Mopperl, du Tschopperl, komm brav mit'm Freund Hein!
Der Tod muss ein Wiener sein.

Georg Kreisler (geb. 1922)

Meine Welt

Ich hin aus Wien, man merkt's schon von der Weiten,
Ich bin aus Wien – sogar in Wien gebor'n,
Und drum tut Wien mir viel, ja all's bedeuten,
Ich hab wo anders wirklich nix verlor'n;
Und gibt's in Wien auch manchmal nix zum lachen,
Bedroh'n ein' häufig Schläge des Geschicks …
Ich bleib bei Wien, da kann man halt nix machen,
Denn außer Wien da kenn ich nix.
Meine Welt fangt in Nußdorf an
Und zu End is sie bei Kagran,
Mein Südpol is die Spinnerin am Kreuz
Und der Sommerhaidenweg is meine Schweiz;
Der Dreimarkstein ist mein Mont Blanc,
Die Lobau is mein Ozean,
G 2 heißt der Express von Staat zu Staat,
Und als Wüste dient die Simmeringer Had';
Schon Sankt Pölten und gar erst Amstetten
Lieg'n für mich auf an fremden Planeten

Und die Gegend von Fischamend
Is für mich wie der tiefste Orient,
Denn mei Welt fangt in Nußdorf an
Und das Ende der Welt is bei Kagran,
Da dazwischen find ich alles, was ich brauch,
Inklusive Grund zum Giften, den gibt's auch.

Um fremde Leut zu sehn und ihre Sitten,
Muß jeder andre fort, weiß Gott wohin,
Doch hier in Wien ist man mit ein paar Schritten
Schon mitten in die fremden Sitten drin,
Auf allen Straßen tun ja Gäste wandeln,
Um unsre Wiener Welt mit uns zu teil'n,
Doch tun wir sie zur Vorsicht so behandeln,
Daß sie nur ja nicht lang verweil'n.
Meine Welt fangt in Nußdorf an …

Hans Weigel (1908–1991) /
Hans Lang (geb. 1908)

D' Weana Musi geht net unter

D' Weana Musi geht net unter
Weil der Weana auf sie steht
Nur die Texte san mitunter
Für die Gegenwart zu blöd
Doch wenn an der Weana Schmäh juckt
Und ma leb'n tuat hier und heut
Schreibt ma selber – vielleicht wird's druckt –
Neiche Text für unser Zeit!
D' Weana Musi geht net unter
Duli–duli–duli–öh
Duli–duli–duli–öh
Weil die Texte treib'n 's jetzt bunter

Duli–duli–duli–öh
Duli–di–öh

In de alten Weana Lieder
Fahrn d' Fiaker, geht ma z'Fuaß
Ka Red is no von de Auto
Von ihr'm Lärm, Gestank und Ruaß
Wenn wir heute aber singen
Vom Verkehr in dieser Stadt
Laßt sich einfach net verschweigen
Daß des Auto s'wunna hat!
D' Weana Musi geht net unter ...

In de alten Weana Lieder
San de besser'n Herr'n human
Alte Drahrer, alte Sünder
Doch sie stell'n nix Gröbers an
Wenn wir heute aber singen
Von de Herrn, die mächtig san
Laßt sich einfach net verschweigen
Kraftswerksbau und Autobahn!
D' Weana Musi geht net unter ...

In de alten Weana Lieder
Kommen wenig Viecher vur
Und von d' Pflanzen höchstens Nußbam
Ganz was G'wöhnlich's war d' Natur!
Wenn wir heute aber singen
Von der Umwelt, wie sie is
Laßt sich einfach net verschweigen:
Es fehlt viel zum Paradies!
D' Weana Musi geht net unter ...

Reinhard Wegerth (geb. 1950)

wean, du bist a taschenfeitel

für helmut qualtinger

wean, du bist a taschenfeitel,
unter an himmel voll schädelweh,
a zehnmal kochtes burenheutel,
auf das i net haas bin und trotzdem steh.

du bist a feuersalamander
auf aner gstettn aus marzipan.
du gibst kan halt und hast ka glander,
host no an jeden obezaht.

dein stolz, den host ins pfandl trogn,
bist holt a puffmadam.
du waast ka antwurt auf mei frogn,
drahst di nur langsam ham.

André Heller (geb. 1947)

Anhang

Textnachweis

Bei den Wienerliedern handelt es sich in aller Regel nicht um philologisch gesicherte Texte; zuweilen ist die Überlieferung nicht einheitlich und die Datierung bzw. Herkunft unklar. Im vorliegenden Band werden, soweit möglich, im Anschluß an die Lieder die Textdichter und – nach dem Schrägstrich – die Komponisten genannt, wenn sie überhaupt bekannt und nicht mit dem Autor identisch sind. Gelegentlich sind auch die überlieferten und von den Dichternamen abweichenden Volkssänger/innen angeführt, die, wie auch mancher Komponist, häufig zur Bekanntheit des Liedes beigetragen haben. In einigen Fällen konnten die Lebensdaten nicht ermittelt werden.

Die Orthographie folgt im wesentlichen den Druckvorlagen. An einigen Stellen wurde sie behutsam modernisiert (»Eigenthum« zu »Eigentum«, »amüsirt« zu »amüsiert« usw.), ohne jedoch die dialektalen Eigenarten und Schwankungen zu verändern. Apostrophe wurden gestrichen, sofern sie die Lesbarkeit nicht beeinträchtigen.

Der Verlag Philipp Reclam jun. dankt für die Nachdruckgenehmigung den Rechteinhabern, die im folgenden mit einem Genehmigungs- oder Copyrightvermerk bezeichnet sind. In einigen Fällen waren die Inhaber der Rechte nicht festzustellen. Hier ist der Verlag bereit, nach Anforderung rechtmäßige Ansprüche abzugelten.

49 *Wien is a Sternderl vom Himmel* – © Bosworth & Co. Ltd. GmbH, Frechen · 53 *Weinlied* – © Josef Weinberger GmbH, Wien · 58 *In Wien gibt's manch winziges Gasserl* – © Adolf Robitschek Musikverlag GmbH, Wien · 60 *Ich bin ein Wienerkind* – © Josef Weinberger GmbH, Wien · 61 *Ich muß wieder amal in Grinzing sein!* – © Doblinger Musikverlag KG, Wien · 62 *Im Prater blühn wieder die Bäume* – © Adolf Robitschek Musikverlag GmbH, Wien · 67 *Grüß mir mein Wien* – © Josef Weinberger GmbH, Wien · 69 *I bin a stiller Zecher* – © Doblinger Musikverlag KG, Wien · 71 *Wer das Wienerlied erfunden* – © Adolf Robitschek Musikverlag GmbH, Wien · 72 *Schön ist so ein Ringelspiel* – © Doblinger Musikverlag KG, Wien · 73 *Wenn der Herrgott net will* – © Bosworth & Co. Ltd. GmbH, Frechen · 78 *Ich hab mir für Grinzing …* –

© Doblinger Musikverlag KG, Wien · **79** *In einem kleinen Café in Hernals* – © Doblinger Musikverlag KG, Wien **80** *Drunt' in der Lobau* – © Heinrich-Strecker-Bühnen- & Musikverlag, Baden (Österreich) · **82** *Ja, ja der Wein ist gut* – © Heinrich-Strecker-Bühnen- & Musikverlag, Baden (Österreich) · **83** *Draußen in Sievering …* – © Josef Weinberger GmbH, Wien · **84** *Steh auf, liebes Wien* – © Thomas Sessler-Verlag GmbH, Wien · **85** *Die alte Engelmacherin* – © Hannibal / Buchverlage Koch GmbH, Planegg · **87** *Krügerl vor'm G'sicht* – © Hannibal / Buchverlage Koch GmbH, Planegg · **90** *Der Tod muss ein Wiener sein* (in: Georg Kreisler: Wenn ihr lachen wollt … Ein Lesebuch. Hürth/Wien 2001. S. 108f.) – © Verlag Edition Memoria / Thomas B. Schumann, Hürth **91** *Meine Welt* – Mit Genehmigung von Elfriede Ott, Wien · **94** *wean, du bist a taschenfeitl* – Mit Genehmigung von André Heller, Wien [Nachwort:] · **100** *Bekenntnis zu Wien* (in: Erich Fried: Gesammelte Werke. Gedichte 1. Berlin 1993. S. 40f.) – © Verlag Klaus Wagenbach GmbH, Berlin · **108** *wann i amol stiab* – Mit Genehmigung von André Heller, Wien

Nachwort

Das »Wienerlied«, zumeist so geschrieben, um die Unzertrennlichkeit von Donaumetropole und Musik zu dokumentieren, ist ein Lied »aus, über und für Wien« (Harry Zohn) und hat dieses Bild der heiteren, heurigenseligen Stadt und den gemütlichen Wienern mit ihrem »goldenen Herzen« und dem besonderen Humor, auch »Hamur« genannt, nachhaltig geprägt. Sein Beitrag zum Wien-Mythos, zur »Stadt der Musik« (Adalbert Stifter) und zur »Stadt der Lieder« – so der Titel eines Wienerlieds – ist offenkundig. Operette, Film und Fernsehunterhaltung haben es medial weitervermarktet. Hugo von Hofmannsthal und Richard Strauss setzten der Gattung mit einer der bekanntesten Repräsentantinnen, der »Fiakermilli«, in der Oper *Arabella* ein Denkmal, selbst die satirisch-parodistische Umfunktionierung der »Wienertum«-Klischees – z. B. in Ernst Kreneks *Kehraus um St. Stephan* oder Ödön von Horváths *Geschichten aus dem Wiener Wald* – wie auch später das Kabarett haben ihm ebenso wenig geschadet wie die Volkssänger-Szene in Karl Kraus' *Die letzten Tage der Menschheit* und seine kritischen Bemerkungen in der *Fackel*. Das Kabarett hat dem Wienerlied sogar mit »Liedern ohne Schmalz« (Hans Weigel) neue Akzente gesetzt. Erich Frieds *Bekenntnis zu Wien* und André Hellers »Augustinlied« (»Alles ist hin«) sowie die Dialektpoesie der »Wiener Gruppe« (H. C. Artmann, Gerhard Rühm) und von Franzobel erinnern an die lange Tradition des Wienerlieds und haben es auf ihre Art durch Zitat und Anspielung literaturfähig gemacht. Dafür mag das Gedicht Erich Frieds stehen:

Bekenntnis zu Wien

Ob dem, der keine Heimat hat,
ein Liebeslied gelingt
auf seiner Kindheit Vaterstadt,
beladen und beschwingt?
Weil du mit keinem Trunk mich labst,
trink ich zu dir mir Mut. –
Daß du mir doch das Leben gabst,
mein Wien, ist gut.

Du trugst mir meinen Vater aus,
bis dich die Nacht umfing.
Sie brachten sterbend ihn nach Haus.
Er liegt in Simmering.
Ob heut du fernher in mir wirkst,
ob mir dein Pulsschlag ruht, –
daß du mir meine Toten birgst,
mein Wien, ist gut.

Des Knaben Zeit hast du gekannt,
du locktest lang zur Nacht.
Die Mannheit hat mich wundgebrannt,
und du hast sie entfacht.
Auch wenn du, Mädel, längst verkamst
in Not und faulem Blut; –
daß du mir meine Unschuld nahmst,
mein Wien, ist gut.

Du hast mich aufgezogen, Stadt,
dann stießest du mich aus.
Nur wer schon Eis im Herzen hat,
hockt, wo es brennt, im Haus.
Drum, als du Achtunddreißig schriebst
in Schande und in Wut, –
daß du mich aus den Grenzen triebst,
mein Wien, ist gut.

Weil ich nun in der Fremde wohn,
verschwimmst du oft in mir.
Und manchmal braucht es Mühe schon,
daß ich dich nicht verlier.
Du meine Freude und mein Weh,
du Angst und banger Mut! –
daß ich dich einmal wiederseh,
mein Wien, ist gut.

Das Wienerlied lebt in Kontrafaktur und Parodie oder auch in ungebrochener Wiederholung weiter, Satire und Verhöhnung als Kitsch haben ihm nichts anhaben können, eher die Liebe verstärkt, wie zahlreiche Lieder-Alben und Tonaufzeichnungen beweisen. Einige der bekanntesten Lieder sind gewissermaßen Volkslieder geworden. Zuletzt hat das Wienerlied gar das Forschungsinteresse von Musik- und Literaturwissenschaft geweckt.

Hans Weigel war der Meinung, »daß man Wien am besten versteht, wenn man das Wienerlied befragt, ungeachtet seiner meist banalen und gelegentlich schauerlichen Texte« (*Das Wiener Kaffeehaus*, Wien [u. a.] 1978, S. 10). »Der Text des Wienerliedes wird meist unterschätzt«, behauptete Rudolf Sieczynski (S. 35). Er schrieb den Welterfolg *Wien, Wien, nur du allein*. Auf die Frage nach dem ästhetischen Wert der Texte, nach der Echtheit des Gefühls, gibt das Wienerlied seine eigene Antwort: »Das hat ka Göthe g'schrieb'n, das hat ka Schiller dicht' [...]. Und's klingt halt doch so voller Poesie!« (Wiesberg).

»Das Wienerlied ist schlechthin das Psychogramm einer Bevölkerung und scheint als Donauschnulze allen weiterverbreiteten Klischees über Wien und seine Bewohner weitgehend und bereitwilligst entgegenzukommen«, resümiert Harry Zohn (S. 1), und Heimito von Doderer schreibt dem Herausgeber einer Anthologie zum Geleit:

Glanz und Ruhm der Vaterstadt
Und die Lieder aus den Gassen,
Wer das kleine Lied nicht hat,
Wird als Fremder nur entlassen.

(Goertz, S. 5)

Klagen über den Niedergang und Verfall begleiten die Geschichte des Wienerliedes gleichermaßen wie Lobpreis der einzigartigen Tradition und der ewigwährenden Blüte. Insbesondere werden der Verlust der bodenständigen Volkstümlichkeit und des tiefen Gemüts sowie die Tendenz zu Zweideutigkeiten und Frivolität beklagt. Trotz Erneuerungsversuchen in der Moderne geht der Blick lieber zurück in die gute alte Zeit und zu dem Wienerlied, das den negativen Seiten des Fortschritts trotzt und dem drohenden Identitätsverlust Kompensation und Trost bietet.

Friedrich Schlögl schrieb Anfang der siebziger Jahre des 19. Jahrhunderts in seinen Kulturbildern *Wiener Blut* »Bei den Volkssängern und Volkssängerinnen« (S. 154):

> Weit höher als alle sonstigen Vergnügungen stellt der eingefleischte Wiener (einer gewissen Kategorie) die leidige »Volkssängerei«, die in seinem Erholungsrepertoire festtäglich rot angestrichen und – namentlich in dem letzten Jahrzehnt in wahrlich bedauernswerter Weise – zum mächtigsten Magnet für Alt und Jung, zum fast wichtigsten Faktor des sozialen Verkehrs geworden. Das Übel, dem das lustige »Babel an der Donau« vielleicht zum größten Teile das oft zitierte stigmatisierende Wahrzeichen vom »abfaulenden Misthaufen« verdankt, scheint übrigens seinen bedenklichsten Höhepunkt bereits erreicht zu haben, und muß, da eine Gradation der Unflätigkeit unmöglich, eine Umkehr zum Bessern mit Zuversicht erwartet werden.

Das Wienerlied hat verschiedene Ursprünge; es ist aus Volkslied, Theaterlied, Walzerlied, Heurigenlied, Bänkellied, Couplet hervorgegangen, hat sich z. T. zum Operettenlied, zur Arie und zum Chanson weiterentwickelt oder ist in deren Kontext eingebunden. Die Themen, Stile und Formen sind vielfältig. Ähnliches gilt für die Musik. Auch deren Melodien und Weisen entstammen verschiedenen Einflüssen.

Mag es auch Vorläufer seit dem Mittelalter geben, Lieder, die Wien besingen, so gilt doch als erstes Wienerlied das dem Dudelsackpfeifer Augustin zugeschriebene Lied *Ei, du lieber Augustin* (um 1700) mit dem Refrain »Alles ist hin!«, das weitergedichtet wurde. Seit etwa 1800 wurden die Lieder durch Drucke verbreitet. Um diese Zeit und später haben Straßensänger und die Harfenisten das Genre geprägt, ferner gibt es Gemeinsamkeiten mit den Theaterliedern und Couplets der Wiener Vorstadtbühnen in wechselseitiger Beeinflussung (z. B. das Duett mit dem Refrain »Ja nur ein' Kaiserstadt, ja nur ein Wien« aus Adolf Bäuerles Posse *Aline oder Wien in einem anderen Weltteil*), und schließlich waren es die »Volkssänger« nach 1850, die das eigentliche »Wienerlied« begründeten.

Die Harfenisten traten einzeln oder in Gruppen auf und führten in Gasthäusern der Vorstädte auch kleine Theaterstücke mit Liedern auf. Ihr als derb und zotenhaft kritisiertes Repertoire erregte die Aufmerksamkeit der Polizei und führte schließlich zu einem förmlichen Genehmigungsverfahren. Die Harfenisten galten als Repräsentanten unterster Volksschichten.

Rückblickend schreibt Ignaz Franz Castelli in seinen Memoiren *Aus dem Leben eines Wiener Phäaken 1781–1862* (Stuttgart 1912, S. 152):

> Es gab damals weniger sogenannte Volkssänger als jetzt, sie waren auch nicht präziös, sondern wahre Bänkelsänger; auch bezahlte man keinen Eintrittspreis,

sondern der Mann ging entweder selbst oder durch seinen Mitgehilfen bei den Gästen sammeln. Es befand sich auch keine ganze Gesellschaft und kein Klavierklimperer dabei.
Der beste und beliebteste war der unter dem Namen »der blinde Poldl« bekannte. Es war ein großer Mann mit einer ausgiebigen Stimme und wirksamem Vortrage begabt. Er saß mit seiner Harfe, welche er gar nicht schlecht spielte, auf einem erhöhten Gerüste und sang alles allein, anfangs ernsthafte Lieder, dann komische; an Zoten fehlte es eben auch nicht.

Ferdinand Raimund (*Die gefesselte Phantasie*) und Johann Nestroy (*Weder Lorbeerbaum noch Bettelstab*) haben den Harfenisten ein theatralisches Denkmal gesetzt. Deren Zeit war zu Ende, als die Behörden in ihnen wegen ihrer Derbheit und Zotenhaftigkeit sowie des künstlerischen Tiefstands ein »öffentliches Ärgernis« und eine Gefahr für den Verfall der Sitten sahen.

In der Biedermeierzeit lösten die Volkssänger die Harfenisten ab. Überdies bedeutet das Jahr 1848 auch im Bereich der Unterhaltung eine Zäsur. Die Volkssänger oder Natursänger waren keine gesangkünstlerisch ausgebildeten Interpreten, »sie stammten zumeist aus anderen, oft handwerklichen Berufen, waren begabte Laien, die sich im Laufe der Zeit große Professionalität aneigneten« (Weber, S. 70). Sie traten in Gasthäusern, Volkssänger-Lokalen und »Singspielhallen« auf, vornehmlich in den Vorstädten und im Prater. Sie waren von 1830 bis zur folgenden Jahrhundertwende ein wesentlicher Faktor der Freizeitunterhaltung, insbesondere für die mittleren und unteren Schichten der Bevölkerung. Aber auch das Kaiserhaus liebte Wienerlieder, insbesondere Kronprinz Rudolf, dessen Leibfiaker Bratfisch, ein bekannter »Natursänger«, ihm noch in der Todesnacht Wienerlieder vorgepfiffen haben soll.

Die Volkssänger wurden 1852 per Dekret als eigener Berufsstand mit bestimmten Rechten und Befugnissen anerkannt. Bei der Vergabe von Lizenzen achtete man auch auf »musikalische und sonstige Bildung«; die Texte waren – wie bei der Theaterzensur – zur Prüfung einzureichen. Die Volkssänger-Gesellschaften machten nicht nur sich gegenseitig, sondern durch szenische Darstellung auch den Vorstadttheatern Konkurrenz. Eine andere Aufführungsart waren die Lieder im Heurigenmilieu zur Unterstützung »weinseliger Stimmung«. Der Volkssänger Edmund Guschelbauer gab dem Wort »drah'n« (drehen) eine neue Bedeutung und schuf einen festen Typus des Wein- und Unterhaltungssüchtigen, der die Nacht zum Tag macht (»umdraht«): »Weil i a alter Drahrer bin«.

Als Erneuerer des Wienerlieds, besonders in der Form des Wiener Couplets, gilt Johann Baptist Moser. Sein Wirken in den Volkssänger-Lokalen wird mit dem Johann Nestroys im Wiener Volkstheater verglichen (»Nestroy des Brettls«). Mit ihm beginnt die Ära der Volkssänger, allerdings ist man heute der Meinung, daß mit der Absage an die Harfenisten und der Neuordnung des Volkssängerwesens die älteren (Volks-)Lieder z.T. verdrängt und durch dem Zeitgeschmack angepaßte Produkte einer neuen Unterhaltungsindustrie ersetzt wurden.

Mosers Texte waren – anders als viele der Harfenisten – nicht anstößig. Mit ihm stiegen die Volkssänger ins bürgerliche Milieu auf und wurden buchstäblich »salonfähig«. Die Volkssänger ersetzten die Harfe durch das Klavier; auch andere instrumentale Begleitung der Lieder war üblich, z.B. durch die berühmten Brüder Schrammel, die der ganzen Richtung mit der »Schrammelmusik« ihren Namen gaben.

Die Geschichte des Wienerlieds zeigt, welche Bedeutung jeweils dem Aufführungsort und dem medialen Kontext für seine Entwicklung zukommt. Gasthausunterhaltung, theatralisches Vergnügen, Operetteneinlage, Filmmelodie im Zusammenhang mit Liederalben und billigeren Vervielfältigungsmöglichkeiten der Lieddrucke, später Grammophon und Schallplatte führten zur Kommerzialisierung und weiten Verbreitung des Wienerliedes. Zu Beginn des 20. Jahrhunderts wird die Sammeltätigkeit alter Wienerlieder von Neukompositionen in Geist und Ton der Tradition begleitet.

Immer wichtiger wurden auch die Interpreten, denen der Text nicht selten »auf den Leib« geschrieben wurde. Die Vortragenden wurden zu Publikumslieblingen. Besondere Popularität erreichten ab 1870 die Volkssängerinnen und »Lokalsängerinnen« (u. a. Antonie Mansfeld, Luise Montag, »Lercherl von Hernals« genannt, Fanny Hornischer, Anna Ulke, Emilie Turecek, »Fiakermilli« genannt), die Anfang der fünfziger Jahre noch nicht geduldet waren. Komponisten und Textdichter wie Wilhelm Wiesberg, Johann Sioly, Carl Lorens, Ludwig Gruber, Franz Paul Fiebrich, Rudolf Kronegger u. a. haben den Ruf des Wienerliedes gefestigt. Wienerlieder gehörten auch zum Repertoire der ›Profis‹. Der berühmte Schauspieler Alexander Girardi hat den Klassiker des »Fiakerliedes« (»A Kutscher kann a jeder wer'n, / Aber fahrn das könnens' nur in Wean«) aus der Taufe gehoben.

Allein an den Refrains kann man ablesen, wovon das Wienerlied handelt. Lob auf die einzigartige Stadt (»Wien, Wien, nur du allein«, »Wien is a Sternderl vom Himmel«), ihre bevorzugten Sehenswürdigkeiten und Schauplätze sowie ihre Bewohner (»Ich bin a echter Weana«, »Die Weana Gemütlichkeit stirbt niemals aus«) und Typen (Drahrer, Fiaker, das »süße Mädl«) verbindet sich mit dem Lob auf das Wienerlied selbst. Die Nähe zum Tod (»Wann i amal stirb«), aber auch der Über-Lebensmut (»Mir is alles ans«, »Allweil lustig fesch und munter, / Denn der Wiener geht net unter«; »Es wird ein Wein sein, und mir werd'n nimmer sein«) gehören zu seinen zentralen Themen. Die Redensart »Der Wiener geht net unter« hat Karl Kraus in der *Fackel* mehrfach kommentiert (*Wörterbuch der Redensarten zu der von Karl Kraus 1899 bis 1936 herausgegebenen Zeit-*

schrift »Die Fackel«, hrsg. von Werner Welzig, Wien 1999, S. 950ff.).

Wienerlieder pflegen einen spezifischen Humor, sind Ausdruck der Wiener Mentalität, des Gemüts und der Gemütlichkeit, sind Spiegel einer Lebensphilosophie (»Die Welt ist ein Komödienhaus«, »Menschen san ma alle«, »Das Glück is a Vogerl«), setzen manchmal auch sozialkritische Akzente. Wiener Lust und Laster; Sorglosigkeit und Heurigenstimmung stehen neben Traurigkeit, Melancholie, Wehmut, Gedanken über Vergänglichkeit und Nähe zum Tod; der Herrgott ist natürlich ein Wiener, allerdings ist dann auch der Tod ein Wiener (Georg Kreisler), oder geradezu mundartlich-dialektisch formuliert: »Du guater Himmelvoder, / I brauch ka Paradies, / I bleib viel lieber doder, / Weil mei Wean für mich 's Himmelreich is!«). Die Besonderheiten der lokalen Sprache und ihre Ausdrucksvielfalt sowie die eigentümliche Musikalität machen den eigenen Reiz des Wienerliedes aus. Vieles geht freilich bis an die Grenzen der Sentimentalität und auch darüber hinaus, wenn übertriebenes Gefühl nicht durch das augenzwinkernde Lachen gebrochen wird. Wienerlieder verstehen sich als Therapie, so wie es im *Dreimäderlhaus* heißt: »Was Schön'res könnt's sein als ein Wiener Lied [...]? Das singende, klingende, fröhlichkeitbringende, herzenbezwingende Lied aus Wien«.

Man mag einwenden, Wienerlieder ohne Noten, da fehle das ›Eigentliche‹, aber die Musik ist hier gewissermaßen zwischen den Zeilen, die Verse und Bilder evozieren die Melodie. So wie es »Lieder ohne Worte« gibt, präsentiert die Auswahl »Lieder ohne Noten«, deren Melodien leicht in den angegebenen Notendrucken aufgefunden werden können (vgl. die Literaturhinweise und die Diskographie im vorliegenden Band). Die Zahl der Sammlungen und Lieder-Alben, darunter zahllose Bearbeitungen, ist fast nicht zu überblicken.

Die vorliegende Auswahl berücksichtigt aus den einschlägigen Sammlungen von – auf weit über zehntausend geschätzten – Wienerliedern die »Klassiker« und die bekanntesten sowie die für die verschiedenen Stile und Themen charakteristischen Beispiele der bedeutendsten Textdichter. Weitgehend ausgeklammert blieben satirische und allzu zeitgebundene Couplets sowie – bis auf wenige Ausnahmen, darunter das »Hobellied« Ferdinand Raimunds – Theaterlieder, auch wenn sie im Laufe der Zeit zu volkstümlichen »Wienerliedern« geworden sind, wie z. B. Johann Nestroys »Kometenlied« aus der Posse *Der böse Geist Lumpazivagabundus* (»Die Welt steht auf kein' Fall mehr lang«). Die Auswahl reicht historisch und gattungsrepräsentativ vom »lieben Augustin« bis zu Liedern der Gegenwart, die in Zitat und ironischer Brechung die Tradition auf ihre Art fortschreiben, etwa wie André Heller (S. 31) in Anspielung auf ein frühes Wienerlied:

wann i amol stiab

wann i amol stiab, stiab, stiab,
miaßn mi d' fiaker trogn,
und dabei zither schlogn,
weu i des liab, liab, liab,
jo, i wor meiner söö,
oiweu fidöö.

d' maderln von wean, wean, wean,
wearn umanandaplearrn,
und wearn donn olle rearn,
er ist dahin-hin-hin,
und er wor meiner söö
oiweu fidöö.

Literaturhinweise

Bethmann, Siegfried: Alt-Wien in Lied und Tanz. Nach einer Zusammenstellung von R. Conradi. Leipzig/Berlin 1956.

Das ist mein Wien! 40 Jahre Wienerlied. Folge 1–3 [120 Lieder]. Wien [1924].

Glossy, Blanka / Haas, Robert: Wiener Comödienlieder aus drei Jahrhunderten. Wien 1924.

Goertz, Hartmann (Hrsg.): Alte Wiener Lieder. Immergrüne Melodien mit Noten, Texten und Bildern zum Kranz gebunden. München [1958].

Heller, André: »sie nennen mich den messerwerfer«. Lieder Worte Bilder. Frankfurt a. M. 1974.

Hodina, Karl (Hrsg.): O du lieber Augustin: Die schönsten Wienerlieder. Wien 1979. [Reprogr. Nachdr. 1998.]

Holzer, Rudolf (Hrsg.): Wiener Volks-Humor. Harfenisten und Volkssänger. Wien 1943.

Kremser, Eduard (Hrsg.): Wiener Lieder und Tänze. 3 Bde. Wien 1911–25.

Kubitz, Paul E. (Bearb.): Wiener Lieder-Album mit Gitarrenbegleitung. Wien/Leipzig 1926.

Mein singendes klingendes Wien. Eine Auslese der schönsten und bekanntesten Wiener Lieder. München/Berlin/Wien [1924].

Merkt, Eduard: Wiener Liederschatz. Wien 1908.

Mikulas, Karl (Hrsg.): Ewiges Wien. Berlin/Wien 1942.

Neuwirth, Roland Joseph Leopold (Hrsg.): Das Wienerlied. Wien 1999.

Nötzold, Fritz (Hrsg.): Mein Weib ist pfutsch. Wiener Couplets. Frankfurt a. M. 1969.

Parthé, Leo (Hrsg.): Die schönsten Wiener Lieder. 4. völlig neu bearb. Aufl. Wien/München [1999].

Schnabel, Sigismund (Hrsg.): Das Wienerlied. Wien 1949.

Smekal, Rudolf (Hrsg.): Altwiener Theaterlieder. Vom Hanswurst bis Nestroy. Wien/Berlin 1920.

Ulreich, Alois (Hrsg.): Wiener Volkslieder. Wien [o. J.].

Wiener Musik. 110 Lieder und Tänze. Hrsg. von C. M. Ziehrer, unter Mitw. von Rudolf Kronegger, mit einem Vorw. von Vincenz Chiavacci. Leipzig/Wien [o. J.].

Wien, Wien, nur du allein. Eine Sammlung der schönsten Wiener Lieder. Mainz [u. a., o. J.].
Wiener, Oskar (Hrsg.): Arien und Bänkel aus Altwien. Leipzig 1914.
Wolkan, Rudolf: Wiener Volkslieder aus fünf Jahrhunderten. 2 Bde. Wien 1920–24.

*

Alberti-Radanowicz, Editha: Das Wiener Lied von 1789 bis 1815. In: Studien zur Musikwissenschaft 10 (1923) S. 37–78.
Aspöck, Ruth: Beitrag zu einer Theorie der Unterhaltung. Dargestellt an Wiener Vergnügungen im 19. Jahrhundert. Diss. (masch.) Wien 1972.
Biesold, Maria: Rudolf Kroneggers Wienerlieder. Ein Beitrag zur Erhellung des Wienerlied-Begriffs. Diss. FU Berlin 1980.
Brauner-Berger, Elisabeth: Volkssängertum im Wandel. Diss. (masch.) Wien 1993.
Buchmayr, Friedrich: Der Schlager als Zerrbild des Volkslieds, dargestellt am »Wienerlied« von 1800 bis 1914. Diss. (masch.) Salzburg 1985.
Deutsch, Walter / Haid, Gerlinde / Zeman, Herbert: Das Volkslied in Österreich. Ein gattungsgeschichtliches Handbuch. Wien 1993.
Egger, Margarethe: Die »Schrammeln« in ihrer Zeit. Wien 1989.
Etz, Albrecht: Zur Mundart im Wienerlied. In: Jahrbuch des Österreichischen Volksliedwerkes 18 (1969) S. 47–60.
Frei, Anna Elisabeth: Die Wiener Straßensänger und -musikanten im 19. und 20. Jahrhundert. Ein Beitrag zur Großstadtvolkskunde. Diss. (masch.) Wien 1978.
Ganster, Ingrid / Kretschmer, Helmut: Allweil lustig, fesch und munter. Altwiener Volks- und Natursänger. Wien 1996.
Hauenstein, Hans: Chronik des Wienerliedes. Ein Streifzug von den Minnesängern über den lieben Augustin, den Harfenisten und Volkssängern bis in die heutige Zeit. Klosterneuburg/Wien 1976.
– Interpreten des Wienerliedes. Wien 1979.
Koller, Josef: Das Wiener Volkssängertum in alter und neuer Zeit. Nacherzähltes und Selbsterlebtes. Wien 1931.
Lohr, Stasi: »Drum hab i Wean so gern«. Wien und seine Lieder. München 1980. [Neuaufl. u. d. T. »Im Prater blühn wieder die Bäume«, 1988.]

Rauhe, Hermann: Zum volkstümlichen Lied des 19. Jahrhunderts. In: Carl Dahlhaus (Hrsg.): Studien zur Trivialmusik des 19. Jahrhunderts. Regensburg 1967. S. 159–198.
Rebiczek, Franz: Der Wiener Volks- und Bänkelgesang in den Jahren 1800–1848. Wien/Leipzig [o. J.].
Schlögl, Friedrich: Bei den Volkssängern und Volkssängerinnen. In: F. Sch.: »Wiener Blut«. Kleine Culturbilder aus dem Volksleben der alten Kaiserstadt an der Donau. Wien [4]1875. S. 154–233.
Schmidt, Leopold: Das Volkslied im alten Wien. Wien 1947.
Sieczynski, Rudolf: Wiener Lied, Wiener Wein, Wiener Sprache. Wien 1947.
Stradal, Otto / Pawlicki, Norbert: Klingendes Vindobona. Mit einem Notenteil »Wiener Lieder«. Wien/Köln 1962.
Veigl, Hans: Morbides Wien. Die dunklen Bezirke der Stadt und ihrer Bewohner. Wien/Köln/Weimar 2000. S. 22–31.
Weber, Ernst: Witz und Kritik im Altwiener Couplet. In: 25 Jahre Güssinger Begegnung. Güssing 2000. S. 70–91.
Wehle, Peter: Singen Sie wienerisch? Eine satirische Liebeserklärung an das Wienerlied. Wien 1986.
Witeschnik, Alexander: Musik aus Wien. Wien [2]1949.
Zohn, Harry: »Und 's klingt halt doch so voller Poesie«: Versuch über das Wienerlied. In: Modern Austrian Literature 13 (1980) Nr. 3. S. 1–23.

Diskographie (Auswahl)

Altmeister des Wienerliedes. Preiser Records 90082 und 90284.
Altwiener Lieder. Amadeo 9078.
»A Stückerl Alt-Wien«. Alte Wienerlieder. Earl Records 76010/11.
Das ist mein Wien, die Stadt der Lieder. Document Records, Basilisk Records 3016.
100 Wiener Lieder mit über 30 Interpreten. Polyhymnia 75409.
300 Jahre Wienerlied. EMI 062-28007.
Emmy Denk singt Wienerlieder. Preiser Records 90142.
Goldene Wienerlieder. Sonia 77044.
Heinz Holecek singt seine liebsten Wienerlieder. Preiser Records 90003.
Heurige und gestrige Lieder (Heller und Qualtinger). Mandragora/Intercord INT 160 123.

König des Wienerliedes. Earl Records 76031/32.
Singt's doch wieder Wiener Lieder. Document Records, Basilisk Records 3015.
Die Strottern. Wien bleibt Wien. Delta Music.
Weaner-Lieder (Oskar Werner). Stratford Records 120 428.
Wien, du Stadt meiner Träume (Erich Kunz). Preiser Records 90315.
Wiener Komödienlieder. Preiser Records 93060.
Die schönsten Wienerlieder, Preiser Records 90002.
Wiener Lieder und Tänze. EMI 12C050-33301.
Wienerlieder heiter und besinnlich. Preiser Records 90331.
»Wer das Wienerlied erfunden«. Polyhymnia.
The World of Wiener Lieder. ZYX Musik 11083-2.

Hingewiesen sei auf die Materialien im Archiv des Österreichischen Volksliedwerkes, Operngasse 6, A – 1010 Wien, sowie auf das Wiener Volksliedwerk, Gallitzinstr. 1, A – 1160 Wien.

Glossar

a: ein; auch
a la téte: an der Spitze.
achtadreißger Wägn: Die Straßenbahnlinie 38 fährt nach Grinzing
Aff: Rausch
ahan: Aha
ak'rat: genau
allweil: immer
amal: einmal
Amstetten: Stadt in Niederösterreich, rund 120 km westlich von Wien
ana: einer
auf d'Nacht: am Abend
auf Franzen: zugrunde
auf Sechsi: Sechsschritt beim Walzertanz
aufdrahn: sich durch Ausgaben hervortun
aufghaut: gezecht, verschwendet
Baden: berühmter Badeort, rund 30 km südlich von Wien
Bahöll: Lärm, Streit
Bam, Bamerl: Baum, Bäumchen
Ban: lustiger Mensch
Baner: Beine, Knochen
Bankerl *s.* macht a Bankerl
Bankert: Fratz, unartiges Kind
Beisel: Gastwirtschaft
Bißgurn: keifendes Weib
Bremsler: ein kurzes Prickeln oder Brennen
brumm net: sei nicht unzufrieden
Brumma: Rüge
Burenheutel: Burenwurst
Busch'n: ein grüner Busch als Weinzeiger vor Heurigenschenken
busseln: küssen
Butten: faßförmiges, hölzernes Gefäß mit Trageriemen
Charpis: Charpie, Leinen (für Verbandmaterial)
cito: sogleich
dahin: tot
Diamantengrund: fiktiver Name, vielleicht in Anlehnung an den »Brillantengrund« auf dem Schottenfeld (7. Wiener Gemeindebezirk)
Distanzenreiter: Reiter über lange Strecken (Dauerritte, rund 70 km täglich)
doder: da, vorhanden
drahn: drehen, die Nacht durchmachen
Drahrer: Nachtschwärmer (die Nacht zum Tag ›drehen‹), Lebemann
Dreimarkstein: Ausläufer des Wienerwaldgebirges beim Kahlenberg und Leopoldsberg
dudeln: Töne ohne Worte singen, jodeln, auf der Sackpfeife blasen
Eichkatzel: Eichhörnchen
eindraht: eingesperrt
eng: euch
Engelmacherin: früher Kostfrau für kleine Kinder, Helferin bei Abtreibungen
es, ös: ihr

Eselszorn: großer Zorn
fad: langweilig
Fasselrutschen: über ein großes Faß hinabgleiten, Volksbrauch und Kinderspaß am Leopolditag (15. November) in Klosterneuburg, rund 5 km nordwestlich von Wien
Fauteuil: Sessel
ferm: fesch
fesch: forsch, schneidig, hübsch
fetz: eilig, forsch
Fiaker: zweispännige Mietkutsche, auch deren Kutscher
fidel: frohgemut, lustig
Figuri-Mann: Straßenhändler mit Gipsfiguren
firti: fertig
Fischamend: Ort an der Donau, rund 20 km südöstlich von Wien
Fixlaudonstern: Fluchwort
Fleck: Ohrfeige
Fratzerln: Kinder (Diminutiv)
G 2: ehem. Straßenbahnlinie, verkehrte 1926–80 von der Hohen Warte bis zum Praterstern (d. i. zwischen 19. und 2. Wiener Gemeindebezirk)
gar: aus, zu Ende
Gaudé: lustige Unterhaltung, Vergnügen
Gefrornes: Fruchteis
gengan: gehen
Gewand, G'wand: Kleidung
gfehlt: schlimm, falsch
Gfrett: Plage
Gfrieserl: Gesicht (Diminutiv)
giften: sich ärgern
Glander: Geländer
Godel: Patin
Goscherl; Göscherl: Mündchen
Graben: eine der belebtesten Straßen in der Inneren Stadt (1. Bezirk), zwischen Kohlmarkt und Stock-im-Eisen-Platz bzw. Stefansplatz
Grant: Zorn, üble Laune
Greaner: (im) Grünen
greans Kranzerl: grüner Kranz als Weinzeiger vor einer Heurigenschenke
Grinzing: für seine vielen Heurigen bekannter Vorort Wiens (19. Bezirk)
Grund: Vorstadt, Bezirk
Gschau: Augen
Gspreiztheit: Hochmütigkeit
Gstanz: lustige, lärmende Unterhaltung
Gstettn: Platz
Guckerln: liebliche Augen
Gumpendorf: 6. Wiener Gemeindebezirk
Gumpoldskirchner: Wein aus Gumpoldskirchen, rund 15 km südlich von Wien
haas: heiß
Häfen: Gefängnis
Halbscheit: Hälfte
ham: nach Hause
Hamur: Humor
harb: böse, zornig; auch: schneidig, fesch
Hascherl: Kind, schüchterner Mensch
Haspel: Schaukel
Haubnstock: Hohlkopf
hautschlecht: sehr schlecht
Heanersteign: Stall, Käfig
Helenental: beliebte Spaziergegend

im Tal der Schwechat in der Nähe von Baden bei Wien
Hemat: Hemd
Hernals: 17. Wiener Gemeindebezirk
Hetz: großer Spaß
Heuriger: junger Wein; Eigenausschank des Winzers
Himmelsbastei: Bastei; Teil der alten Stadtbefestigung
hin wer'n: sterben
Hitz: Zorn
hoch Eisen: unumstößlich
Hütteldorf: 14. Wiener Gemeindebezirk
Hütten: Unterhaltungslokale
Hunderter reiben: eine 100-Schilling-Note spendieren, schenken
hutschen: schaukeln
Jekusch: Ausruf der Verwunderung
Kästenalleen: Kastanienallee
Kagran: 21. Wiener Gemeindebezirk
Kahlenberg: 19. Wiener Gemeindebezirk
Kaluppen: kleines (ärmliches) Haus
kampeln: kämmen
Kapitolium: scherzhaft für Kopf
Karambol: Billardspiel
Kas: Käse
Kasten: Schrank
Kern: Mark, Kraft
Klampfen: Zither, Gitarre
klan tuat schlagn: schlägt bereits nach Mitternacht
Kraas: Kreis
Kracherl: Limonade mit Kohlensäure
kreuzfidel: über die Maßen lustig, ausgelassen
Krügerl: ein halber Liter
Liechtenthalergrund: Teil des 9. Wiener Gemeindebezirks
Liesing: 23. Wiener Gemeindebezirk
Lina: Linie, einst Grenze zwischen Wien (Innere Stadt) und den Vorstädten
Lobau: Augebiet am linken Donauufer, Naturschutzpark, 22. Wiener Gemeindebezirk
lüftig: leichtsinnig
Lusthaus: Pavillon am Ende der Prater-Hauptallee
macht a Bankerl: segnet das Zeitliche
mäuserlstad: mäuschenstill
Maltschi: Kosename von Amalie
Maronibrater: Händler mit gerösteten Eßkastanien
Masch'n: Schleife
Meerschaumspitz: Pfeife
Milli: Milch
Mitzerl: Kosename von Maria
modice: gelassen, mäßig
Mopperl: kleiner Hund, auch Kosename
neiche, neuche: neue
Nipf, kan Nipf: nicht in Stimmung
Nocken: dummes, ungeschicktes Mädchen
nöt: nicht
Nußdorf: 19. Wiener Gemeindebezirk
obezaht: hinunterzieht
ös: ihr
o'fahrn: abfahren

Ottakring: 16. Wiener Gemeindebezirk
pascht: geklatscht
patschert: ungeschickt, täppisch
Peperl, Pepi: Kosenamen für Josef bzw. Josefine
Pfandl: Pfandhaus
Pflanz: Schwindel, Lüge, Großtuerei
Pfründner: ein von der Gemeinde versorgter Armer
Pomade: Redensart, »das ist mir gleichgültig«
pomali: gleichgültig
Potice: scherzhaft für Gesäß
Prater: 2. Wiener Gemeindebezirk, Natur- und Vergnügungspark
Pratzerl, Pratzn: Pfote, Tatze, scherzhaft für Hand
pumpert: pocht, klopft
Puterl, Putzerl: kleines Kind
Rack: Arrak; auch Rückstand im Weinfaß
Radibua: Rettichverkäufer beim Heurigen; auch Strolch
Rasch: Rage, Wut
raunzen: sich beklagen, unzufrieden sein
resch: schneidig, frisch
Reserl, Resi: Theresia (Diminutiv)
riach zu de Ban: Redensart, Handgreiflichkeiten androhend
Ringelspiel: Karussell
Riß: Ruck; auch innerlicher Schmerz
Sacher: berühmtes Hotel gegenüber der Staatsoper, Ecke Kärntnerstraße, 1. Wiener Gemeindebezirk
Sack: Tasche
Sagschatenwurstel: mit Sägespänen gefüllte Hanswurstpuppe
Sankt Pölten: Stadt in Niederösterreich, rund 60 km westlich von Wien, heute Hauptstadt von Niederösterreich
schaffen: bestellen, kaufen
Schäler: Kleidung, Anzug
Schaln: Kleidung, Anzug
schamster Deaner: gehorsamster Diener (respektvoller Gruß)
Schan: Art
Schani: Johann
schenant: scheu
schibberisch, schiaberisch: flott, lustig (tanzen)
schliffig: scharf
Schmäh: Rede, Geschwätz, positiv »Wiener Schmäh«
Schmarrn: eine Speise, auch wertloses Zeug
Schmatz: Kuß
Schnalzer: Schnalzlaut (der Zunge, der Finger oder der Peitsche)
Schneid: Mut
Schnepfendreck, Schnepfenkot: abwertend für Luxusessen
Schrammeln: berühmtes Volksmusikensemble
Schunken: Schinken
schupfen: werfen, schleudern
Schurl: Kosename für Georg
Schwamm: Rausch
Schweigerl, Schweigl: eine Art Schwips oder Rausch
Schwül: Rausch
Seitel: rund 0,35 Liter
sekiert: ärgert, quält
Sesselfrau: Vermieterin von

Stühlen in öffentlichen Parkanlagen
sich i: sehe ich
Sievering: 19. Wiener Gemeindebezirk
Simmeringer Had: Die Simmeringer Heide (11. Wiener Gemeindebezirk) gilt als unwirtliche Landschaft
Sommerhaidenweg: in Neustift am Walde, an der Grenze zwischen 18. und 19. Wiener Gemeindebezirk
speibn: spucken, sich übergeben
Spezi: Freund
Spinnerin am Kreuz: altes Denkmal im gotischen Stil (Triester Str., 10. Wiener Gemeindebezirk)
Spitzerl: eine Art Schwips, mäßiger Rausch
stad: ruhig, still
Stamperl: Schnapsglas
Stan: Stein
Steffel: Stefansdom
Stellwagensechserl: Fahrgeld für eine Art Omnibus
Stelzen: Kalbs- oder Schweinshaxen
Stieflknecht: Gerät zum Stiefelausziehen
stier: geldlos
stiert: macht traurig (stört)
Strotter: Vagabund, Gelegenheitsarbeiter
strudeln: wirbeln
tan: tun
Taschenfeitel: Taschenmesser
Thury: Teil des 9. Wiener Gemeindebezirks
tramt: träumt
trum: riesiggroß
Tschopperl, Tschapperl: Kind, Ausdruck für einen unbeholfenen Menschen
Türschnalle: Türklinke
Ulmerkopf: Pfeife
Umdrahrerei: Umherschwärmerei
Veigerln: Veilchen
verdraht: verjubelt
verpleschen: verprügeln
Versorgung: Altersheim
Währing: 18. Wiener Gemeindebezirk
Wasserer: Gehilfe der Fiaker, der die Pferde tränkt und die Wagen wäscht
Wasser-Glacis: ehemalige Trinkkuranstalt in der Nähe des heutigen Stadtparks (1. Wiener Gemeindebezirk), ein beliebter Treffpunkt im vormärzlichen Wien
Watschen: Ohrfeige
Weidlingau: im Wiental, rund 4 km westlich von Wien (14. Wiener Gemeindebezirk)
wengerl: wenig
Werkel: Leierkasten
Wickerln: Haare
Winsel: Geige
Wuckeln: Locken
wurlet: verwickelt, verliebt
Wurstel: Hanswurst (Diminutiv), auch Puppentheater
Zeugl: Fahrzeug
Zimmerherr: Untermieter
Zins: Miete
Zinshäuser: Miethäuser

Verzeichnis der Gedichte